# 고해苦海의 세월

## 고해苦海의 세월

발행 | 2025년 8월 4일

지은이 | 김상태
펴낸이 | 신중현
펴낸곳 | 도서출판학이사

출판등록 : 제25100-2005-28호
주소 : 대구광역시 달서구 문화회관11안길 22-1(장동)
전화 : (053) 554~3431, 3432
팩스 : (053) 554~3433
홈페이지 : http:// www.학이사.kr
전자우편 : hes3431@naver.com

ⓒ 2025. 김상태
이 책은 저작권법에 따라 보호받는 저작물이므로 무단복제를 금합니다.
책 내용의 전부 또는 일부를 이용하려면 반드시 저작권자와 학이사의
서면 동의를 받아야 합니다.

ISBN _ 979-11-5854-580-2  03810

# 고해苦海의 세월

- 뇌졸중 아내 수발 3년 9개월의 일지 -

글. 김상태

학이사

**머리말**

# 고해苦海여! 안녕

송영자(1940년생) 할머니는 2021년 10월 13일 아침 쓰러졌다. 뇌졸중 증상으로 침대에서 떨어졌다. 병원에서 응급수술을 받은 후 병원과 요양병원, 요양원을 옮겨 다니며 3년 9개월의 고생 끝에 세상을 떠났다. 사지 중 왼쪽 손만 온전했고, 내가 밀어주는 휠체어에 앉아 바깥 구경을 겨우 할 수 있었다. 흡인성 폐렴을 앓은 이후에는 콧줄로 영양을 공급받았다. 이 글은 이런 병상 생활을 도운 늙은 남편의 일기다. 경황 중이라 처음 2개월간은 일기를 쓰지 못했다.

사사로운 일기를 출판한다는 것은 쓸데없는 일이다. 그걸 알면서도 왜 책으로 엮으려고 마음먹었을까. 그것은 고인이 겪은 고난이 사람의 말년에 대한 성찰의 한 사례가 될 수 있겠다는 생각에서다. 그리고 혼자 움직이고, 화장실에 다닐 수 있는 평범한 일상에 감사하는 마음을 잃지 말자는 내 다짐 때문이기도 하다. 오래 고인을 기리고 싶어 하는 유족들의 바람도 물론 이유가 될 터이다.

고인은 긴 병상생활 중 코로나19에 두 차례 감염되어 격리된 적도 있고, 오랜 병상 생활로 인한 악성 피부병으로 여러 병원을 돌며 고생했다. 두 차례나 폐렴에 걸렸고, 지병인 당뇨와 고혈압, 피부병 약을 포함한 여러 가지 약화에 시달리기도 했다.

  말년 병상생활은 고통의 시간이다. 치다꺼리하는 가족들의 아픔도 크다. 생지옥이란 말은 이 경우에 적절한 표현이 된다. 많고도 많은 말년 환자들이 요양시설에서 오늘도 고된 생명을 이어가고 있다. 옛사람들은 천수를 누린 후 편안하게 죽는 것을 오복의 하나로 여겼다. 그 판단이 옳았다는 생각이 절실함으로 다가온다.

2025년 8월

김상태

**차례**

머리말 _ 고해苦海여! 안녕 … 4


### 1부
### 추락
― 코로나19 속에 재활을 꿈꾸다 ―

2021년 12월 11일~2022년 11월 8일 … 10

2부
## 슬픈 행복
― 휠체어 산책을 즐겼던 요양원 시절 ―

2022년 11월 13일~2025년 1월 18일 ⋯ 60

3부
## 고통의 바다… 그리고 해탈
― 콧줄로 연명한 막바지 삶 ―

2025년 1월 21일~2025년 6월 7일 ⋯ 154

# 1부

# 추락

— 코로나19 속에 재활을 꿈꾸다 —

## 2021년

12월 11일 (토)

 오늘 저녁에 영자를 만날 때 울지 않기로 단단히 마음먹었다. 그렇게라도 살아 있으니 얼마나 다행인가. 좋아지겠지. 언제나 밝은 면만 보자는 깨달음에 감사한다. 저녁에 면회를 했다. 걱정과는 달리 영자 얼굴은 좋았고, 표정은 조용하면서 평화로웠다. 꽃과 야채수, 새로 산 조끼를 안겨주었더니 좋아라 한다. 오늘은 하루종일 우울했는데, 면회를 하고 나니 기분이 좋아진다. 그래도 꽃을 들고 휠체어에 앉아있는 처량한 모습에 눈물이 왈칵 쏟아졌다.

12월 13일 (월)

 요양병원 3층에서 코로나 환자가 발생해, 면회가 전면 중단되었다. 영자의 모습을 이제 보기도 어려워졌다. 밤새 나도 심하게 아팠다. 몸과 마음이 모두 소진된 듯한 느낌이다.
 매일 새로운 감염자가 수천 명씩 나오고, 사망자가 쏟아진다는 뉴스를 듣고도 사람들은 다들 제 갈 길에 바쁘다. 죽는 사람은 죽어도, 산 사람은 살아야 한다는 단순 논리가 지배하는 세태다.

12월 17일 (금)

 한 주가 어떻게 갔는지 모르겠다. 심신이 완전 탈진한 상태다. 전신이 아파서 응급실을 세 차례나 들락거렸다. 자식들에게 효를 기대해서는 안 된다. 고마워해야 한다. 그 자식들이 없었다면 지금 같은 딱한 형편을 어떻게 감당할 수 있겠는가.

### 12월 18일 (토)

코로나가 극성이라 입원환자 면회가 안 되고, 사적 모임이 오늘부터 전국적으로 4인으로 제한되었다, 요즘의 위험천만한 사태를 두고 '복불복'이라는 말까지 등장했다. 정말 산다는 것이 전쟁이다.

낮에 간호사의 도움으로 영자와 통화했다. 말을 못 하는 사람과의 통화가 길 수가 없다. 또 눈물이 왈칵 쏟아진다.

### 12월 20일 (월)

요양병원이 집단 격리됐다. 코로나 환자가 발생했기 때문이다. 환자들은 운동도 못 한 채, 가만히 침대에 머물러야 할 터이다. 영자는 또 얼마나 답답할까. 그래도 영자가 코로나에 안 걸린 것이 천만다행이다. 우리는 바야흐로 코로나 지옥에 살고 있다. 그 지옥에서 목숨을 부지하고 있으니 인내하자.

### 12월 21일 (화)

집단 격리되어 있는 요양병원은 생지옥일 것 같다. 전화를 바꿔주는 요양보호사는 신경질적이고, 전화를 받는 영자는 대답조차 하기 힘들어 보인다. 마음이 아프고 또 아프다. 눈물이 난다. 생지옥을 버텨내기가 얼마나 힘들까.

12월 22일 (수)

영자 병실에서 어제 코로나 환자가 발생했단다. 이제부터 지옥이다.

12월 23일 (목)

영자한테 전화가 안 된다. 얼마나 답답할까 하는 생각에 이르면 신경이 곤두선다.

12월 24일 (금)

영자 병실 직원이 전화를 걸어 바꿔주었다. 친절한 사람이다. 영자는 내가 아무리 애걸해도 제대로 응대하지 않는다. 마음이 아프다. 명조에게 야채수 한 상자와 직원용 간식을 좀 보내주라고 부탁했다. 택배로 보내면 될 것을 여태 잘 몰랐다. 미련하다.

무거운 몸으로 오후에 영자 병원으로 갔다. 변비에 효험이 있다는 야채수와 함께 케이크, 귤 등을 전해주었다. 간호사와 요양보호사가 먹을 커피도 전해주었다. 의사가 외부 음식은 삼가야 한다기에 그렇게 알고 있었는데, 옆쪽 환자 가족이 들여준 귤을 영자가 맛있게 먹더라는 간호사의 전화를 받고 깜짝 놀랐다. 그동안 얼마나 먹고 싶었겠나.

12월 25일 (토)

『코스모스』에 나오는 글이다. "단지 70년밖에 살지 못하는 생물에게 7000만 년이 도대체 무슨 의미가 있겠는가. 하루 종일 날갯짓을 하다 가는 나비가 하루를 영원으로 알듯이, 우리 인간도 그런 식으로 살다 가는 것이다."

12월 26일 (일)
영자에게 여러 가지 간식을 넣어 주었다. 간만에 현정이가 와 주었다. 조금이나마 위안이 된다. 우울증 탓인지 오늘도 순간순간 탈진현상을 겪었다. 어떻게 해야 할 줄을 모르겠다. 심한 냉기가 엄습하기도 한다.

12월 27일 (월)
요양보호사가 바뀌줘서 통화를 했다. 호전된 것 같지는 않다. 코호트 격리를 하고 있으니 얼마나 답답할까. 생각만 해도 진저리쳐진다.

12월 29일 (수)
보리빵과 귤, 요플레를 영자에게 넣어주고 왔다. 소정이와 이 서방이 수고했다. 고맙다. 요양병원에서는 더 이상의 코로나 환자가 생기지 않아 곧 면회가 재개될 수도 있을 것 같다고 했다. 영자를 생각하면 한숨이 절로 난다. 간식을 받고도 표정이 없었을 터이니 너무 불쌍하다.

## 2022년

1월 1일 (토)

영자에게서 전화가 왔다. 요양보호사가 걸어준 것이다. 영자는 아무런 말도 못 하고 그냥 가만히 있다. 왈칵 눈물이 난다. 문자도 보냈다. 새해에는 말하고, 웃고, 걸어다니는 모습을 보고 싶다고. 문자를 보지도 못할 것 같다는 생각을 하니 허무한 마음이다. 그래도 새해에는 그런 축복이 오기를 기다리자.

1월 2일 (일)

명조가 멀리서 왔다. 반찬을 가득 싣고. 바나나와 감자칩을 사갖고 영자 병원 입구접수대에 갖다주었다. 다행히 새로 코로나 환자가 발생하지 않아 집단격리가 작년 말로 풀렸다. 영자는 지독히도 고생을 했을 것 같다. 생각만 해도 가슴이 답답하다.

1월 7일 (금)

귤과 빵, 요구르트를 영자에게 갖다주었다. 마음이 한결 편하다. 병원 직원이 영자가 요즘은 잘 웃기도 한다고 말했다. 웃다니? 좋아지려나. 웃고, 혼자서 살살 걷기라도 하면 얼마나 좋을까. 남은 삶 영자에게 다 바치련다.

1월 10일 (월)

전화로 들리는 영자의 목소리는 전혀 가능성이 보이지 않는다.

그냥 '응응' 하는 대답도 힘이 없다. 또 울컥 눈물이 난다.

### 1월 14일 (금)

경대병원에서 골절된 영자 팔의 깁스 진료를 받았다. 깁스는 풀고 반 깁스로 갈았다. 한 달 더 지켜봐야 한다는 의사의 말이다. 빨리 풀어버려야 하는데 안타깝다. 영자는 얼굴이 맑고, 말을 알아듣고, 눈을 맞추고, 그리고 웃기도 잘했다. 그러나 반쪽 몸이 회복될 가능성은 아직 없어 보였다. 화장실에 혼자 다닐 정도는 되야 하는데, 우짤꼬~.

울산에서 달려온 명조는 그 누구보다 엄마에게 잘해준다. 고맙다. 진료가 끝나고 병원 구내 편의점에서 영자는 우유와 호빵을 맛있게 먹는다. 눈물이 났다.

### 1월 19일 (수)

어제 간식 갖고 요양병원 갔다가 한 보따리 옷가지와 담요를 가지고 돌아왔다. 오늘 세탁하고 말렸다.

### 1월 22일 (토)

철희네가 하룻밤 자고 갔다. 간식을 사서 요양병원에 갔다가 야외 카페에서 놀았다. 마음속에는 늘 공허함이 떠나지 않는다. 철희는 무덤덤하게 현실을 받아넘기는 모습이었다. 수원 사돈이 위문금을 보내왔다. 고맙다는 전화를 했더니 사부인은 병원비에 보태란 말 대신, 맛있는 것 사먹으라고 말했다.

1월 23일 (일)

요양병원에서 연락이 왔다. 영자가 틀니를 빼서 던져버리고, 마스크도 벗어버린다는 것이다. 계속 끼고 있으니 불편하기 때문이리라. 그러나 벗어 던진다는 것은 여간 걱정되는 일이 아니다. 또 마음이 아프다. 병원 의사를 만나봐야겠다.

『스님은 아직도 사춘기』라는 명진 스님의 신간을 읽었다. 출가자의 삶도 삶의 한계를 벗어나지 못한다는 것을 실감할 수 있었다. 종교는 도피이자 기만이다. 몸부림쳐도 유기체의 숙명은 어쩔 수 없다.

1월 25일 (화)

영자 병실에서 환자가 침대에서 떨어져 골절상을 입었단다. 그래서 영자에게도 끈을 채워 낙상을 방지해야겠다는 연락이 왔다. 어제 서류에 서명하고 돌아와 마음이 아파 도무지 잠을 이룰 수 없다. 큰딸 내외, 둘째 내외가 와서 저녁 내내 술을 마시며 떠들었지만 마음만 뒤숭숭했다.

수면제를 먹고 겨우 잠을 좀 자고 나서 오늘 아침에 명조와 통화를 했다. 명조가 간호사에게 전화를 하고, 나와도 몇 차례 통화를 하고 나서야 마음이 좀 가라앉았다. 잘 때만 느슨하게 한쪽 손발을 묶는다는 것이었다. 묶인 모습을 생각만 해도 눈물이 난다.

1월 26일 (수)

영자가 잠을 잘 자지 못하는 것 같다는 복지사의 연락을 받고 큰

이 서방과 함께 요양병원 의사와 수간호사를 면담했다. 낙상의 위험 때문에 손발을 침대에 묶어야 한다니, 생각만 해도 소름 끼치는 일 아닌가. 낮 동안에는 묶지 않는다는 구두 약속을 받고, 며칠 더 두고 보기로 했다. 낙상에 대한 법적 책임을 병원이 지지 않는다는 각서를 쓰면 묶지 않는다니 그걸 해야 할 것 같다.

1월 28일 (금)

손발을 묶지 못하게 부탁하려고 요양병원에 갔다가 희소식을 들었다. 나의 강력한 요구로 밤에만 한쪽 발을 묶기로 했다는 것이다. 영자는 훨씬 야위어 있었다. 묶인 것 때문에 스트레스를 받았음에 틀림없다. 손을 풀었다니 이제 좀 좋아지려나. 울지 않아야 하는데 자꾸 눈물이 난다. 너무 불쌍하다. 복지사한테 정황을 한 번 더 물어봐야겠다.

저녁 늦게 내가 목욕탕에 간 사이에 명조가 몇 차례나 전화를 하고, 아파트 경비 아저씨에게도 비상연락을 했나 보다. 폰이 목욕탕 옷장에 있어 연락이 되지 않은 탓이다. 갑자기 무슨 좋잖은 일이 생겼나 하는 불안감이 덮쳤던 모양이다. 그만큼 내가 불안해 보이는 것 같다.

1월 30일 (일)

영자에게 설 연휴에 먹을 간식을 넣어주었다. 바나나와 귤, 강정, 유제품 등을 무겁게 들고 갔다. 제대로 환자에게 전달되는지 모르겠고, 집에서 갖고 왔다는 설명도 없을 터이니, 영자는 무슨 음식을 어떻게 해서 먹게 되는지도 모를 것 같다. 안타깝다.

### 2월 1일 (화)

설날 아침이다. 일어나 세수하고 산소를 향해 두 번 절했다. 영자가 있는 쪽으로도 한 번 절했다.

낮에 영자와 통화했다. 목소리가 힘이 하나도 없다. 연휴라고 운동도 하지 못한 채 종일 침대에 누워 있자니 얼마나 답답할까. 코로나 확진자 수가 폭증하는 가운데 면회는 봉쇄되어 있으니, 딱하고 딱하다.

### 2월 5일 (토)

어제 사회복지사의 도움으로 이루어진 전화통화에서 영자는 꽤나 명랑하게 대답을 했다. 그렇게 차츰 좋아지려나. 어제 또 이 서방과 함께 건보공단에 들러 장기요양보험 신청을 했다. 살다가 이런 일은 안 겪어야 하는데. 오래 살면 마지막에 겪어야 하는 과정들이 서글프다.

### 2월 7일 (월)

요양병원에 코로나 환자가 발생했다는 연락이 왔다. 영자 병실은 격리되지는 않았단다. 다행이다. 그래도 외래진료가 불가능하기 때문에 경대병원 정형외과 진료가 1주일 연기됐다. 안타깝다.

2월 10일 (목)

아침 일찍 바디로션을 요양병원에 갖다줬다. 수간호사로부터 전화가 왔다. 코로나 환자가 또 나와서 금요일과 토요일에 병원 전체에 방역소독을 하기 때문에 운동도 못 한단다. 일요일까지 사흘간 침대에 갇혀 있으면 얼마나 답답할까. 눈물이 쏟아진다.

2월 13일 (일)

명조네가 왔다. 오후에 영자에게 과자류를 갖다주었다. 병실 부근에도 못 간 채 입구의 안내데스크에 전해주고 왔다.

2월 14일 (월)

오늘은 종일 톨스토이의 『참회록』을 읽었다. 재미있는 책 중의 하나다. 아직도 책을 재미있게 읽을 수 있으니 얼마나 고마운 일인가. 이 책을 인용하여 50매 정도의 원고를 완성해야겠다. '어떻게 살까' 하는 제목이다.

2월 15일 (화)

코로나가 너무 심하게 번지고 있다. 영자를 데리고 경대병원에 가야 하는데 날씨가 너무 춥다.

2월 16일 (수)

요양병원에서 전화가 왔다. 손으로 자꾸 변을 만진다는 것이었다. 그래서 손에 두꺼운 장갑을 끼워야 할지 모르겠단다. 우야꼬! 눈물이 난다. 산다는 일이 이렇게 잔인할 수가.

### 2월 18일 (금)

경대병원서 골절된 영자 팔 진료를 받았다. 소정이가 함께했다. 보고 싶었다고 말하니, 무표정하던 얼굴에 웃음꽃이 피었다. 눈물이 자꾸 흘러 연신 코를 풀어야했다. 정말 보고 싶었다. 팔은 아직 완전히 붙진 않았기 때문에 의사는 두 달 후에 보자고 했다. 풀어버리기를 간절히 바랐었는데. "신은 생명이고 생명은 신이다."라는 톨스토이의 말을 이해하고 싶다. 생명이 끝나면 신도 끝난다.

### 2월 22일 (화)

영자가 코로나에 걸렸다는 문자가 왔다. 걱정했던 일이 기어코 터졌다. 불쌍한 영자! 눈물을 참을 수 없다. 1주일쯤 치료받고 다시 요양병원으로 돌아올 것 같다는 사회복지사의 말이다. 부디 그렇게라도 순조롭게 되기를 빈다. 소정이와 나도 개별 진단키트 검사를 했다. 둘 다 음성이었다. 그래도 내친김에 보건소에서 pcr검사를 받아보려고 갔으나, 너무 긴 줄에 질려버렸다. 날씨도 너무 춥고 해서 줄을 서서 기다리다 돌아와 버렸다.

### 2월 24일 (목)

영자가 28일 대구의료원에서 퇴원한다는 반가운 소식이다. 28일에 의료원에서 영자를 태워 요양병원에 재입원하기로 했다. 일단 큰 위기는 넘긴 셈이다. 얼마나 다행인가.

2월 25일 (금)

톨스토이의 『인생독본』을 읽고 있다. '망각에서 망각으로' 란 제목의 글을 하나 썼다. 삶은 망각에서 왔다가 망각으로 돌아가는 것이라는 내용이다. 쑛 사상에 부합하는 멋진 사상이다.

2월 28일 (월)

영자를 코로나 병원에서 퇴원해 요양병원으로 옮겼다. 앰뷸런스에서 만난 영자는 너무 말랐고 힘이 없어 보였다. 코눈물이 뒤범벅이 된 나는 요양병원 재입원 수속을 마치고 그냥 떠나올 수밖에 없었다. 그 후 명조가 요양병원으로 전화했더니, 점심을 한 그릇 다 먹었단다. 코로나 전담병원에서 1주일 동안 혹독한 고생을 했나 보다. 부디 좀 많이 나아다오.

3월 1일 (화)

영자 담당 간호사가 전화를 바꿔주었다. 그러나 아무리 불러도 아무런 대답이 없다. 코로나 전담병원에서 많이 쇼크를 먹은 탓인 것 같다. 연락도 없고 밥도 안 먹여주고 했을 테니 얼마나 충격이 컸겠나. 면회해서 위로해 줘야 하는데, 면회조차 길이 막혀있으니. 수면제를 먹고도 나는 잠을 잘 못 이룬다.

오후에 간호사로부터 전화가 왔다. 영자의 소변 색깔이 좋지 않다는 것이다. 링거와 항생제를 쓰고 있으니 내일까지 두고 보잔다. 또 눈물이 난다. 우는 버릇을 좀 그만 둬야 하는데.

3월 2일 (수)

낮에 경대병원에서 신경과와 정신의학과 약 타서 요양병원으로 갔다. 요양병원 의사가 영자 요로에 돌이 생겨 요관이 막혔다는 이야기를 한다. 깜짝 놀라 비뇨기과의원으로 달려가 돌을 깼다. 몇 시간이 걸렸다. 돌을 깨는 동안 엎드려 있어야 하는데, 영자가 고개를 제대로 가누지 못한다. 그래서 처치하는 동안 쇄석실에서 내가 영자의 고개를 떠받쳐 줘야 했다. 잘 깨졌는지는 1주일 후에 판정 난단다.

영자는 경과에 대한 내 말을 알아듣고 좀 위안이 되는 듯한 표정이기도 했다. 내일 요양병원 의사를 만나봐야지. 오늘은 소정이가 함께 수고해 줬다.

3월 3일 (목)

오전에 요양병원에서 의사를 만나고, 생수와 뉴케어 등을 넣어줬다. 영자는 상태가 좋지 않아 운동도 못한 채 수액을 맞고 있다고 했다. 쇄석했으니 요관이 제대로 펴져야 할텐데. 생각만 해도 끔찍하다. 부디 물 많이 먹으라고 화이트보드에 커다랗게 써서 간호사에게 전해줬다.

3월 5일 (토)

영자는 좀 회복되고 있는 것 같다. 코로나로 골병이 든 데다 돌 깨느라 또 녹초가 되었으니 얼마나 힘이 들었겠나. 월요일에 뉴케어 갖고 가볼 작정이다.

3월 7일 (월)
　영자는 이제 코로나와 쇄석의 후유증에서 벗어난 듯하다. 주치의를 만났더니 링거를 빼고 운동도 다시 시작했단다. 11일 비뇨기과에 갈 때까지 잘 회복되어야 할 텐데. 명조는 정말 온 마음으로 엄마를 연민한다. 고맙다.

3월 11일 (금)
　영자의 쇄석 후 경과를 보려고 비뇨기과에 갔다. 며칠 만에 보는 영자는 너무 기력이 없었다. 다행히 쇄석 효과는 좋았다. 자꾸 눈물을 흘리는 나를 보고 현정이가 말했다. 말기 암 환자보다 훨씬 나은 것 아니냐고. 맞다. 그런 경우보다는 나은 것 같다. 세상사 새옹지마인 걸 잊지 말자.

3월 15일 (화)
　영자에게 간식을 넣어주었다. 행정복지센터에 가서 영자 코로나 격리 생활지원금을 신청했다. 그전에 격리했던 지원금은 어제 받았다. 이렇게 돈을 풀면 돈의 가치가 자꾸 떨어질 수밖에.

3월 17일 (목)
　영자가 밥을 제대로 삼키지 않는단다. 담당 간호사가 떠먹이면서 계속 독촉해야 겨우 겨우 얼마간 먹는단다. 코로나 때문에 면회도 안 되니, 내가 가서 먹일 수도 없다. 생각만 해도 눈물이 절로 난다. 어떡하나? 내일 또 의사를 만나봐야겠다.

모든 생명은 죽는다. 너도 가고 나도 간다. 얼마간 시간의 차이가 있을 뿐이다. 결국에는 망각의 세계로 가는 것이 생명의 이치인데, 잊자 잊자. 미련도 슬픔도.

### 3월 18일 (금)

오후에 요양병원에 갔다. 영자가 먹을 카스테라와 간호사들에게 줄 딸기도 가져갔다. 의사는 기력이 좀 떨어져 있지만 며칠 전보다는 좋아졌다고 했다. 휴게실에서 TV를 보고 있는 영자를 멀리서 볼 수 있었다. 수간호사의 도움으로 먼발치에서 손을 흔들어 인사를 했다. 내가 자꾸 손을 흔드니까 영자도 간호사의 도움 없이 손을 흔들어 준다. 나는 기분이 금방 좋아졌다.

### 3월 19일 (토)

내일은 녹두죽을 가져다줘야겠다. 병원 밥이 너무 맛이 없으니 잘 삼키지 못하는 것 같다. 김치도 조금 갖다줘 봐야겠다. 월요일에는 유부초밥을 넣어 줘보고.

### 3월 21일 (월)

어제는 녹두죽과 바나나, 오늘은 약밥과 오렌지를 갖다줬다. 영자의 전화 반응은 겨우 '응응' 하는 정도다. 또 눈물이 절로 난다. 내일은 유부초밥을 갖다줘야겠다. 삼키는 게 문제인지, 음식이 문제인지를 알아봐야겠다.

3월 23일 (수)

지훈이가 근무하는 요양병원에 가보았다. 영자를 옮길 수 있을까 하고. 그러나 전체적인 인상이 기초수급환자 중심의 최하급병원으로 보였다. 일단 제외하자. 내일은 요양병원에서 장애등급을 받기 위한 의사소견서를 받아야 한다.

3월 24일 (목)

오렌지와 카스테라를 가지고 영자한테 왔다가, 같은 건물에 있는 한식 뷔페식당에서 혼자 점심을 먹으며 통화를 시도했다. 영상통화를 하는 동안 영자는 아무런 표정도 없다. 눈은 허공으로 돌아간다. 한계점에 와버렸는가? 우야꼬! 하는 한탄이 절로 나온다.

3월 28일 (월)

25, 27, 28일 연달아 영자 병원에 다녀왔다. 계속 가도 얼굴도 못 본다. 오늘은 간식을 들고 갔더니, 휴게실에서 TV 앞에 하염없이 앉아있는 영자 모습이 멀리서 보였다. 그러나 간호사가 일러줘도 고개를 돌릴 줄 모른다. 서글프다.

3월 31일 (목)

감사의 일기가 나도 모르게 비탄의 일기로 정착해 버렸다. 감사해야 한다. 영자가 이만큼이라도 회복되었다고 생각하며 감사해야 한다. 원망일랑 입 밖에 내지 말자.

몇 가지 반찬과 바나나를 영자에게 갖다줬다. 간호사의 호의로 영상통화를 했다. 밥을 먹는 영자의 표정은 평화롭고 착해 보였다. 말을 못 하고 걷지를 못하니, 참으로 딱하다. 4월 8일 노인장기요양보험 등급판정을 받은 후 병원을 옮기거나 하는 방안을 강구해 봐야겠다.

### 4월 1일 (금)

철희와 함께 영자를 앰뷸런스에 태워 경대S비뇨기과를 찾았다. 비뇨기과 의사는 영자가 완전히 회복되었다고 말했다. 너무 고마웠다. 요양병원 의사를 만나 소식을 전하고, 지금의 환자 상태에 대해 들었다. 좀 나아지긴 했지만, 아직 코로나 감염 이전처럼 회복된 것은 아니라고 말했다. 그러나 오늘 영자는 우리를 보고 웃고, 묻는 말에 대해서도 의사를 뚜렷이 표현했다. 얼마나 다행인가. 내일 짭짤이 토마토를 갖고 오겠다니까 좋아했다.

### 4월 2일 (토)

철희네가 하룻밤 자고 올라갔다. 둘째를 잉태했다고 했다. 고마운 일이다. 올라가기 전 요양병원으로 가서 영자에게 짭짤이 토마토와 오렌지, 김치 등을 전해줬다. 병동 입구에서 전화를 연결했더니, 영자는 열심히 운동한다는 말을 구사했다. 얼마나 기분이 좋던지.

4월 4일 (월)

## 지는 꽃잎

오늘 공원에 앉았다가
자욱이 떨어진
하얀 꽃잎들을 보았네
꽃이 피었다고 좋아했던 것이
엊그제인데

화려하기로 이름난 벚꽃의 한 계절이
그렇게 짧다는 사실을 새삼 깨우치네

공원 놀이터의 아이들은
떨어진 꽃잎들을 마구 밟으며
지칠 줄 모르고 마냥 즐겁네
나에게도 저렇게 좋은 때가 있었지

꽃이 피고 세월이 지는
이치를 알아서
그 어디에 쓰랴

낮에 영자에게 짭짤이 토마토와 밑반찬을 갖다주었다. 전화는 연결이 되지 않아 음성도 못 듣고 그냥 돌아왔다.

### 4월 7일 (목)

영자에게 간식과 밑반찬을 갖다줬다. 영자는 좀 좋아졌다지만 영상통화할 때면 여전히 시선이 딴 곳을 두리번거린다.

사강이란 프랑스 작가가 쓴 소설 이름이 『슬픔이여 안녕』이었던가. 나는 요즘 '슬픔이여 또' 이다. 영자는 암흑의 터널에서 헤어나오지 못하고, 나는 허릿병으로 비싼 치료비를 들이며, 또 다른 터널에 갇혀있다. 그래도 오늘 살아 있다는 것에 감사해 보자.

### 4월 10일 (일)

명조 시할머니가 돌아가셔서 울산으로 출발하려 한다. 가기 전에 요양병원으로 아침에 만든 간식과 밑반찬을 갖다주었다. 병동 입구에서 잠시 영상통화를 했다. 대답은 '응응' 하면서 그런대로 하는 편이었다. 한번 웃어달래니 웃는 둥 마는 둥 웃으려고 애쓰는 시늉이다. 얼굴이 많이 안 좋았다. 갑자기 눈물이 쏟아진다. 이 허망한 삶을 어찌할꼬. 병원 앞 벤치에 울면서 앉아있다.

### 4월 19일 (화)

세월이 덧없이 흘러간다. 영자가 집에 왔으면 좋겠다. 그러나 대소변을 가리지 못하고 걷지도 못하니 현실적으로 어렵다. 나도 건강에 자신이 없다. 냉증에 불면증, 부실한 걸음이 우울감을 키운다. 내일 요양병원 의사를 만나 영자 대처 방법을 의논해 봐야겠다.

### 4월 22일 (금)

영자가 거의 6개월 만에 오른팔의 깁스를 풀었다. 반가웠다. 오늘 오후 소정이와 함께 오후 내내 영자와 함께 있었다. 영자는 눈에 띄게 좋아 보였다. 의사표현도 잘했고, 서류도 들여다보려고 했다. 빵도 제 손으로 먹었고 가끔 웃기도 했다. 점점 더 좋아져 집에 왔으면 좋겠다.

오후 늦게 요양병원에서 전화가 왔다. 영자가 받았다. 깜짝 놀랐다. 전화를 바꿔달라고 간호사에게 떼를 쓴 모양이다. 짜증과 한숨과 불만이 넘치는 목소리다. 제대로 알아들을 수 없는 말로 하는 항의인즉, 팔도 풀었으니 이제 집에 가야 하는데 왜 다시 병원에 데려다 놨느냐는 내용이다. 걷고, 말하고, 좀 더 치료받고 해야 집으로 올 수 있다고 하니까 땅이 꺼져라 한숨을 쉰다. 눈물이 쏟아진다. 마음이 아프다. 이 일을 어찌하면 좋단 말인가. 내일 수박 사갖고 간다니까 싫다고 짜증을 낸다. 정신이 조금 돌아오니 일어나는 일인것 같다. 면회라도 빨리 완전히 풀려야 할 텐데.

### 4월 26일 (화)

감사하는 마음은 삶의 지혜다. 최악의 상황에 부닥쳤을 때 원망하고 한탄해 본들 상황을 되돌릴 수는 없다. 생각을 돌려, 이 정도라 다행이라고 마음을 고쳐 먹으면 위안과 평화를 얻게 된다. 결국 감사하는 마음은 자기위안을 위한 도피처라 할 수 있다.

4월 27일 (수)

요양병원 의사가 영자의 의식수준이 유치원생 정도라고 말했다. 많이 회복된 것이다. 간식을 들고 병동으로 올라가는 엘리베이터에서 운동하고 병실로 돌아가는 영자를 조우했다. 너무 반가워 눈물이 핑 돌았다. 휠체어에 앉은 영자 얼굴에도 반가움이 솟아났다. 엘리베이터를 몇 번 오르락내리락 하면서 우리는 짧은 만남을 이어갔다. 영자의 표정과 눈동자가 거의 완전히 정상으로 돌아와 있었다. 놀라운 진전이다. 만나기 어려우니 자꾸 편지라도 써줘야지.

4월 29일 (금)

영자가 3등급이라 감사하다. 부축하면 걸음을 뗄 수 있고 말을 알아들으니 감사하다. 나도 아직은 움직일 수 있으니 감사하다. 오늘도 편지를 갖고 영자한테 가봐야지.

오후에 요양병원에 들렀다. 저녁식사 도시락을 들고 갔는데, 간호사실이 매우 친절한 분위기였다. 좀 벙벙해 있는데, 수간호사가 편지를 병원 게시판에 올려도 되느냐고 물었다. 내가 영자에게 최근 몇 차례 써준 편지가 화제로 등장했던 모양이다.

5월 1일 (일)

첫 면회 날이다. 가슴이 설렌다. 명조도 울산서 올라왔다. 두 시간 면회를 했다. 영자는 좋아했다. 소정이와 명조, 그리고 이모와 나연이도 함께했다. 영자는 많은 말을 했고, 우리가 제대로 알아듣지 못할 때는 한숨을 쉬곤 했다. 오른팔과 다리는 거의 마비 상태다. 의식은 많이 돌아왔으나 몸이 말을 듣지 않으니 문제다. 이모가 돈을 줬는데, 내가 영자에게 주니 영자가 나에게 다시 맡겼다. 정상적인 사고를 하는 단계다. 며칠 후 편지를 들고 가야겠다.

## 5월 5일 (목)

영자에게 점심으로 녹두죽을 들고 간다. 이럴 수 있어 감사하다.

## 5월 6일 (금)

꽃봉오리는 귀엽다. 꽃은 아름다워 보인다. 그러나 그 누구도 시든 꽃을 좋아하지 않는다. 그러나 모든 꽃은 시든다. 얼마나 슬픈 일인가. 망각으로 들어가는 죽음은 슬퍼할 일이 아니다. 망각이기 때문이다.

갑자기 자식들에게 짐이 되고 있다는 생각이 든다. 점점 더 그럴 것이다. 엄마는 병원에 있고, 아빠는 아프니 부담이 되겠지. 여기서 감사할 건덕지는 뭘까? 신록의 계절에 날씨도 좋은데. 공원 벤치에 앉아 사색을 즐길 수 있는 것, 그게 얼마나 감사한 일인가.

영자와 통화를 했다. 원망이 가득한 말투다. 병원에 더 이상 있을 수 없으니 데리고 나가라는 것이다. 가슴이 아프다. 누가 돌볼 수 있나. 눈물이 절로 난다. 정신을 어느 정도 되찾았다는 것이 이런 고민을 안겨준다.

## 5월 8일 (일)

간만에 보는 영자는 많이 좋아보였다. 다 알아듣고 정상적으로 사고했다. 눈물이 날 정도로 기뻤다. 서울서 내려온 철희도, 처음 면회 온 영자 친구 춘자 씨와 정미 씨도 모두 좋아했다. 불과 보름만에 그렇게 좋아진 것이다. 누누히 말해줬다. 이제 걷기와 말 연습을 해야 빨리 집에 올 수 있다고. 헤어질 때도 그렇게 아쉬워하지도 않았다. 상황을 이해하는 모습이었다. 내일 전복죽 사갖고 가야지.

5월 10일 (월)
모처럼의 통화에서 영자는 이런저런 불만이 가득했다. 잘 알아들을 수 없어 눈물이 났다. 면회는 왜 자주 안 오느냐, 집에 데리고 가면 안 되나 하는 내용인 것 같았다. 해 줄 수 있는 일이 없으니 마음만 아프다. 내일 또 간식 사갖고 가봐야겠다. 얼굴도 볼 수 없겠지만.

5월 14일 (토)
연 이틀간 영자가 치과에 다니느라 바빴다. 많이 아팠나 본데 표현을 못하니 얼마나 힘들었을까. 요양병원 간호사 말로는 이틀간 잠을 못 잤단다. 아픈 이를 빼고 나니 표정이 평안해진 것 같다고 했다. 감사한 일이다. 이를 자주 닦아야 하는데 그게 문제다. 간호사한테 간절히 부탁하는 수밖에.

5월 15일 (일)
녹두죽, 계란찜, 소고기 고추장을 편지와 함께 영자에게 전해줬다. 전화 목소리가 별로였는데, 저녁에 명조가 확인했더니 음식을 세대로 먹지 않았단다. 입맛이 없는지, 음식맛이 없는지 모르겠다. 항생제 부작용 때문일까? 내일 저녁 면회 때 알아봐야겠다.

5월 16일 (월)
저녁 여섯 시에 면회를 했다. 영자는 참 행복한 표정이었다. 조카 우동이 내외와도 웃음 띤 감정을 교환했다. 내가 한 시간 내내 다리를 주물러주자 아주 흐뭇해했다. 내일 치과에 갈 때 또 만난다니까 좋아한다. 그렇게 행복하게 해주고 싶다. 얼마 남지 않은 인생 영자를 위해 바치고 싶다. 그게 가장 보람된 일이다.

5월 17일 (화)
영자 틀니 끼우려고 병원으로 가고 있다. 만나는 사람마다 내가 많이 힘들겠다고들 말한다. 그러나 생각해 보면 내게 아직도 보살필 힘이 있고, 내가 보살펴야 할 사람이 있으니 얼마나 감사한 일인가. 틀니가 잘 다듬어졌다. 수리된 틀니를 끼운 영자는 기분이 좋아 보였다. 많이 쓰다듬어 주었다. 나도 마음이 차분해졌다.

5월 18일 (수)
오늘은 운수 좋은 날이다. 건강보험공단의 규정에 따라 영자 외진 환급금 2백만 원이 입금되었다.

5월 20일 (금)
오후 내내 경대병원에 있었다. 영자는 좀 슬퍼보였다. 돈도 많이 들텐데, 이렇게 살아서 무엇 하느냐는 말을 하는 것 같았다. 현정이와 내가 많은 위로를 해줬다. 요양병원으로 다시 들어갈 때는 담담해 보였다. 피부와 치아관리를 간호사들이 제대로 해 줄 것 같지 않아 걱정이다. 가글하는 방법을 시범 보이고, 가려우면 반드시 간호사에게 말하라고 누누히 말해 줬다. 보람된 하루였다.

### 5월 22일 (일)

오늘 면회를 했다. 매일 만나고 싶은데, 코로나 때문에 한 주에 한 번만 면회가 허용된다. 영자는 그런대로 기분이 좋아보였다. 면회 온 녹원아파트 친구들을 보고 좋아했다.

### 5월 24일 (화)

영자에게 다녀왔다. 물론 면회는 안 되었다.
피부약 타고 유부초밥과 빵, 그리고 프로바이오틱스 음료를 넣어 줬다. 물티슈와 비닐장갑도 갖다줬다. 간호사들에게도 카스테라를 선물했다. 전화상의 영자는 목소리가 상당히 똑똑했고, 기분이 괜찮아 보였다. 나는 어제 허리주사를 맞은 덕택에 오늘은 걷기가 한결 수월해졌다.

### 5월 29일 (일)

명조가 울산에서 와 주었다. 함께 면회를 하는 동안 영자는 언어치료도 안 되고, 운동도 제대로 시켜주지 않는다고 불확실한 언어로 불만스러워했다. 집에 가고 싶다고도 했다. 그러나 집이라는 게 무엇 하나 해줄 수 있는 형편이 안 되니 딱하고 안타깝다. 또 눈물이 났다.

5월 31일 (화)

영자한테 갔다 왔다. 알로에 로션과 빨간색 폰커버, 약간의 방울토마토를 갖다줬다. 전화로 들려오는 영자의 목소리는 괜찮아 보였다. 의사는 영자가 운동과 언어치료를 여전히 싫어한다고 했다. 면회는 못 했지만, 그래도 갔다 오니 약간의 위로가 된다.

6월 4일 (토)

편지 쓰고, 토마토와 빵에다 계란반숙 해서 간호사실에 맡겼다. 간절히 보고 싶었지만 겨우 전화 통화만 가능했다. 영자의 목소리는 울적했다. 어찌 울적하지 않겠는가.

6월 6일 (월)

서울 올케와 여동생들이 먼 길을 무릅쓰고 찾아왔다. 영자는 아직 말이 트이지 않아 답답해했다. 자기는 한다고 하지만 상대가 알아듣기 어렵다. 오늘 비보험으로 6월부터 언어치료 다시 한다고 서명했다. 언어치료비만 한 달에 27만 원이다.

6월 10일 (금)

간식을 들고 영자에게 갔다. 얼굴은 보지 못하고 병실 입구에서 전화만 했다. 전화상으로 들려오는 목소리가 한없이 슬프다. 연방

한숨도 쉰다. 눈물이 왈칵 쏟아지려 한다. 병원에 갇혀 있는 신세가 한스러운 것이리라. 그래도 전화를 끊을 수밖에 없었다. 절망감이 몰려온다.

### 6월 12일 (일)
면회장에 나온 영자는 병원에 있어도 치료에 도움이 되지 않는다는 하소연을 했다. 언어 치료도 하고, 운동도 하는 것으로 차트에 기재되지만 하나 마나 식으로 떼우는 것 같다. 병원을 옮겨봐야겠다. 병실로 돌아갈 때는 옷을 붙잡고 놓아주지 않는다. 나는 눈물을 쏟는다.

### 6월 21일 (화)
운동과 언어치료를 받는 영자를 참관했다. 부축받고 걷는 모습에 깜짝 놀랐다. 언어치료도 효과가 있는 것 같이 보였다. 그러나 자기 이름을 잘 기억하지 못했다. 이름이 뭐예요? 하고 물으면 영자라고 답하지 못하고, 이름이 뭐예요 하고 따라한다. 그래도 기쁜 날이었다. 어쩌면 얼마 후에는 차로 외출이 가능할지도 모르겠다. 감사 감사.

### 6월 22일 (수)
저녁에 면회를 했다. 소정이와 이 서방이 함께했다. 영자는 매우 기분이 좋은 표정이었다. 낮에 전화가 왔는데, 그때는 찡그리며 운동이 하기 싫고, 집에 가고 싶다고 투정을 부렸었다. 그런데 저녁에는 면회시간 내내 웃음을 머금어 보였다. 곧 외출도 할 수 있을 것 같기도 하다. 살아평생 그렇게 인자한 영자의 표정을 본 적이 없을 정도로 인상이 평온했다. 얼마나 고마운 일인가.

6월 25일 (토)
영자에게 내일 간식 갖다주겠다고 전화했더니, 한숨을 쉬면서 '몰라!' 하고 실망스럽다는 답변이다. 얼마나 답답할까. 속아 사는 게 인생인데, 속을 일조차 없으니. 나 말고 그 아무도 애처롭게 생각해 주지 않는 것 같다. 그게 말년의 인생이다.

6월 26일 (일)
영자에게 살구와 참치캔, 스틱과자를 넣어줬다. 꽃과 편지도 함께. 병원 복도에서 한 전화 통화에서 영자는 말을 상당히 분명하게 했다. '나도 보고 싶어요' 라고 말하며 웃음도 섞는다. 눈물이 날 정도로 고마웠다.

6월 27일 (월)
낮에 병원에서 전화가 왔다. 점심을 먹지 않고 베개를 던지며 앙탈을 부린단다. 영상통화로 보는 얼굴은 불만투성이였다. 오늘 특별면회 좀 하자니, 규정상 안 된다는 간호사의 답변이었다. 마음이 불안하고 초조했다.
조금 있다 병원에서 피부 상태가 좋지 않으니, 피부과에 한번 가 보면 좋겠다고 전해왔다. 택시를 타고 달려갔다. 앰불런스 타고 피부과의원으로 갔다. 영자는 극히 평온한 얼굴에 만족한 표정이었다. 아마도 낮에 소란을 피운 것은 직원이 기분을 상하게 했던 탓이 아닌가 하는 추측이다.

내 이야기를 잘 알아들었고, 그런대로 의사표현도 잘했다. 그러나 아직은 내가 잘 알아들을 수 있도록 똑똑히 하지는 못했다. 많이 좋아졌다는 내 말에 기분 좋은 표정이다. 감사한 일이다.

6월 29일 (수)

도서관 신노인동아리에서 '생활 속의 無畏施'를 발표했다. 반향이 매우 좋았다. 무외시의 삶이 삶의 목적이어야 한다.

영자와 90분가량 만났다. 영자는 처음에 집에 같이 가자고 했다. 그러나 내가 손톱 발톱을 깎아주면서 열심히 설명을 하고 설득을 했더니 납득하는 표정이었다. 내주에는 소정이 차로 외출을 한번 해보고, 그리고 상태가 좋아지면 퇴원을 하자고 했더니 좋아라 한다.

헤어질 때는 나의 옷을 잡으며 아쉬워한다. 내가 사랑한다고 말하자, 나도 사랑한다고 대답해 준다. 감사하다.

7월 1일 (금)

3일 철희가 올 때 오후에 외출을 할 작정이다. 휠체어 싣고 시원한 곳으로 가서 저녁 외식도 해야지. 영자의 고통이 나에게로 이입되어 자꾸 눈물이 난다. 산다는 것이 참 고통스럽다는 생각을 떨쳐버릴 수 없다. 그래도 이렇게 일기를 쓸 수 있다는 것만으로도 감사한 일 아닌가.

### 7월 2일 (토)

오전에 음료수와 빵, 과일과 편지, 그리고 꽃을 전해주었다. 면회가 안 되어 영자 얼굴도 보지 못했다. 전화로 들려오는 영자 목소리는 어제와 달리 좀 명랑했다. 요양보호사의 전화 목소리가 친절해 보여 기분이 좋았다. 외롭게 세상에 와서 외롭게 가는 것이 모든 생명의 운명이다. 『집에서 혼자 죽기를 권하다』라는 책을 주문했다.

### 7월 3일 (일)

영자의 첫 외출 날이다. 휠체어에 앉은 영자는 외출복을 가리키며 얼마만이냐고 물었다. 7개월 만의 외출이다. 소정이 차를 타고 가창 정대골짜기 식당에 자리를 잡았다. 닭백숙을 먹고, 이를 파주며 한없이 즐거운 시간을 보냈다.

돌아오는 길에는 병원 옆 편의점에 앉아 둘이서 바나나 우유와 빵을 먹었다.(철희는 차 시간 때문에 먼저 떠났다.) 영자는 행복해했다. 마주 쳐다보는 영자의 눈이 한없이 애처롭다. 나는 눈물이 났다. 피부 가려움증 때문에 자꾸 긁는다. 내일은 또 피부과에 가봐야겠다.

### 7월 4일 (월)

소정이와 함께 영자를 태워 가려움증 전문 한의원에 갔다. 한약을 몇 개월간 먹으란다. 일단 보류하기로 하고, 약만 2주분 지어 간호사실에 맡겼다. 서류 떼느라 또 왔다 갔다 하며 오후 4시가 돼서야 집에 돌아왔다.

그래도 영자와 뷔페식당에서 점심 먹고, 편의점에서 함께 논 것이 기뻤다. 영자가 식당에서 왼손으로 젓가락질 하며 밥 먹는 모습에 혼자 울었다. 이렇게 자꾸 우는 것이 나의 건강에 어떨지 모르겠다. 연 이틀 영자와 외진 외출을 한 셈이다. 감사해야 하는데, 너무 고달프다는 생각만 든다.

### 7월 5일 (화)

요양병원 의사로부터 전화가 왔다. 영자의 피부병이 옴일지 모르니 예수의원에 가보는 게 좋겠단다. 택시를 타고 달려갔다. 예수병원 의사는 천포창이라고 진단을 내리고, 가려운 부위에 붙이라며 거즈를 처방해 주었다.

저녁 면회 시간에 보니 온 상처에 거즈를 붙여놓아 옷이 축축하고 몸이 싸늘하게 식었다. 현정이는 엄마의 모습에 눈물을 줄줄 흘린다. 내일 오전 회진시간에 의사를 만나 상의해야겠다. 천포창이란 병은 강남세브란스가 잘 본다는데 무슨 수가 없을까? 인터넷으로 공부 좀 해야겠다.

### 7월 6일 (수)

경북대병원에 영자 피부과 진료를 예약했더니, 10월에나 된단다. 영자 생각만 하면 수렁으로 빠져든다. 감사하는 마음을 상기하자. 요만큼이라도 나았으니 고맙다고 생각하자. 피부도 나아지겠지, 하고 생각해 버리자.

### 7월 7일 (목)

오전에 쩔뚝이며 예수의원에 갔다. 영자 피부 상처에 바르는 거즈를 사서 간호사실에 전해줬다. 피부과 의사는 잘 먹는 게 중요하다고 말했다. 요양병원 복도에서 기다렸다가 운동하고 나오는 영자를 잠깐 만날 수 있었다. 만나자마자 내뱉는 첫마디가 '나가자'였다. 그러나 외출이 불가능하다. 얼마나 답답해서 그럴까. 가슴이 찢어진다.

### 7월 8일 (금)

오후에 영자에게 전화했다. 말이 또록또록해지고 가려움도 훨씬 덜하다고 했다. 기뻤다. 일요일 오후에 맛있는 것 사가지고 면회 간다니까 한숨을 쉰다. 얼마나 답답할까. 이 이상의 특별한 대책이 없으니 너무 집착하지 말라고 오전에 명조는 말했다. 그렇다. 좀 마음을 놓아야 한다. 너무 집착하면 내가 우울증에 걸린다.
 오후에 소나기가 내린다. 공원에 앉아있으니 시원하고 공기도 맑다. 이게 행복이고 평화다. 잠시라도 감사하다. 영자가 같이 있다면 훨씬 행복할 텐데.

### 7월 10일 (일)

오후에 영자를 면회했다. 영자는 평화로운 얼굴로 눈웃음을 머금고 있었다. 가려움증도 많이 좋아진 것 같았다. 갖고 간 간식과 밑반찬을 자꾸 들춰보며 흐뭇해하기도 했다. 흐뭇한 오후였다. 감사하다. 이런 기분이 오래오래 갔으면 좋겠다.

### 7월 11일 (월)

영자는 오늘 운동하고, 언어치료 받으며 하루를 잘 마무리하고 있다는 전갈이었다.

저녁녘에 영자한테서 전화가 걸려왔다. 전화가 먼저 걸려오면 대개 나쁜 징조다. 한없이 넋두리를 하는데, 무슨 말인지 거의 알아들을 수 없었다. 그러나 운동도 하지 않고, 저녁도 안 먹었다는 소리는 분명했다. 그래서 간호사실에 전화를 했더니 사실이었다. 가렵다고 신경질을 부린다는 것이었다. 이래서는 안 된다. 내일 10시로 앰뷸런스를 예약했다. 눈물이 난다. 허리 때문에 내 걸음이 시원찮지만 어쩔 수 없다.

### 7월 12일 (화)

오전에 영자를 데리고 예수의원에서 피부검진을 받았다. 밤새 걱정했던 것보다는 상태가 좋았다. 2주분의 약을 지어왔다.

요양병원 옆 편의점 쉼터에서 두 시간 넘게 놀았다. 영자는 제법 흐뭇하고 만족스러운 표정이었다. 가위바위보도 하면서 많은 이야기를 나눴다. 들어갈 시간이 되자, 왜 꼭 들어가야 하느냐는 표정이었지만 나의 설득에 응해 주었다. 그럭저럭 행복한 시간이었다. 이제 일요일 날 면회시간에 만난다. 긴 인터발이다.

늙고 병들어 산다는 것은 여간 어려운 일이 아니다. 아픈 곳이 한

두 군데가 아니니 대처하기가 어렵다. 약을 먹으면 부작용이 나타난다.

### 7월 14일 (목)
오전에 영자에게 들러 아침에 구운 소고기 불고기와 천도복숭아, 빵 등을 전해줬다. 편지와 꽃도 함께. 얼굴 한번 보려고 4층 운동실로 갔더니 방금 병실로 올라갔다고 했다. 전화를 했더니 예 예는 잘하는데 기분 좋은 대답은 아니었다. 영자를 보고 싶다.

오늘 영자가 나드리 콜택시 이용할 수 있도록 진단서를 떼었다.

### 7월 15일 (금)
오늘을 살아갈 힘은 감사하기뿐이다. 영자가 그럭저럭 잘 지내고 있다. 감사한 일이다. 소정이 차로 영자 병원에 몇 가지 간식을 갖다주었다.

영자의 나드리 콜택시가 오늘 승인되었다. 고맙다. 나드리 콜택시 타고 드라이브를 즐길 수 있다면 얼마나 좋을까.

### 7월 17일 (일)
멀리서 온 명조와 함께 오후에 면회를 했다. 영자는 다른 때보다 힘이 없어 보였다. 나도 몸이 좋지 않아 힘들었다. 명조가 없었다면 면회도 못 견뎌낼 뻔했다. 영자는 혼자 걷고 화장실도 갈 수 있다고 당당히 말했다. 눈물이 난다. 마음으로 그렇게 믿는 모양이다. 우야꼬! 산다는 게 이렇게 슬프다니.

### 7월 20일 (수)

어제 영자에게 간식을 넣어주고 두 차례 전화를 시도했다. 영자는 아직도 스스로 전화를 잘 받지 못하는 것 같다. 요양보호사의 도움으로 이뤄진 화상통화 속의 영자는 간식을 먹고 있었다. 웃으며 손을 흔들어 준다. 눈물이 핑 돌았다.

기차를 타고 명조와 경주에서 데이트했다. 내가 우울증에 빠져 있으니 명조가 초청했다. 신경 써주는 명조가 고맙다. 다리가 불편해 걷는 데 애를 먹었다.

뉴스를 보니 코로나가 다시 번져 요양병원 면회와 외출이 25일부터 금지된단다. 27일 외출 예약을 해뒀는데, 영자는 어쩌나.

### 7월 22일 (금)

삶은 고해다. 고해를 벗어나는 길은 마음에 달렸다. here & now 자세로 오늘을 열심히 살아가는 길뿐이다.

종일 누워있다가 잠시 바깥에 나왔다. 어떤 여자노인이 양쪽에 부축을 받으며 겨우 움직인다. 나보다는 못하고 영자보다는 낫다는 생각이 든다.

오후 여섯 시에 면회를 했다. 난생처음인가 싶다. 영자가 눈물을 보였다. 그게 정상이다. 손수건으로 세 차례나 닦아주었다. 그래도 며칠 후 외출하고 머잖아 퇴원하는 일에 관해 이야기했다. 현정이도 울면서 희망을 심어주려고 애썼다. 소정이는 잠깐 왔다가 일찍 갔다. 나도 저절로 눈물 콧물이 쏟았다. 영자야 우리 걸어보자. 그리고 웃자꾸나.

7월 24일 (일)

영자를 데리고 피부과에 갔다가 요양병원 부근에서 점심을 사 먹고 편의점에서 놀았다. 영자는 왼손으로 밥 한 그릇을 거뜬히 먹어 치우고 편의점으로 옮겨서는 초콜릿과 요플레를 또 맛있게 먹는다. 흘려가면서 어린아이처럼 밥 먹는 모습에 나는 눈물을 흘렸다. 내 이야기를 열심히 듣고, 농담에는 활짝 웃어주었다. 즐겁고 행복한 네 시간이었다. 병원으로 돌아가야 할 시간이라고 말하니, 왜 그래야 되느냐고 의아해한다. 내가 허리병원에 가봐야 한다니까 수긍해 주었다. 영자는 요즘 한없이 착해진 모습이다.

7월 26일 (화)

영자로부터 전화가 왔다. 깜짝 놀라 전화를 받았더니 무슨 말인지 모를 소리로 불만을 터뜨린다. 요양보호사가 전화를 바꿔서 하는 말이 영자가 가려워서 옷을 홀라당 벗고 소란을 피운단다. 급하게 달려가 앰뷸런스 타고 예수 병원에서 진료를 받았다. 주사를 맞고 약을 처방받았다. 영자는 돈 걱정을 했다. 끝나고 병원 부근 뷔페 식당에서 밥을 먹는데, 깜짝 놀랄 정도로 잘 먹는다. 그만 먹으라고 내가 말릴 정도였다. 병원 앞 벤치에 잠깐 앉아 바람을 쐬는데 영자의 표정이 무척 행복해 보인다. 나도 행복했다.

7월 27일 (수)

영자가 외출하는 날이다. 소정이와 이 서방이 함께했다. 영자는 차분하게 좋아했다. 중국집에서 네 가지 음식을 시켰다. 영자가 골

고루 먹어보도록 하기 위해서다. 영자는 어제처럼 정말 맛있게 열심히 먹었다. 많이 흘리긴 했어도 보는 사람이 기분 좋을 지경이다. 점심 후 가창 우륵의 카페로 가서 푸르름의 향연을 즐겼다. 기분 좋은 하루였다. 코로나 때문에 대면 면회도 안 된다. 그러나 외진 때 만날 수 있으니 다행이다. 이제 돈이 안 드는 나드리 콜택시 이용을 시도해 봐야겠다. 정말 돈이 많이 든다.

7월 28일 (목)
영자에게 전화했더니 받지 않는다. 전화 받는 방법을 또 잊어버린 것 같다. 간호사를 통해 연락이 닿았다. 영자는 기분이 괜찮은 듯하다. 몹시 보고 싶다. 둘 다 늙고 병들어 자꾸 보고 싶으면 어쩐단 말인가. 눈물이 난다.

7월 30일 (토)
요양병원에서 전화가 왔다. 영자 이가 저절로 두 개나 빠졌단다. 땜질했던 것인 모양이다. 제대로 관리가 안 되는 데다 피부약에 든 스테로이드 때문에 혈당 수치가 너무 올라갔기 때문인 듯하다. 이를 어쩌나. 안타까워 미칠 것 같다. 치과에 가봐야겠다.

8월 1일 (월)
코로나 때문에 비닐 칸막이를 사이에 두고 잠깐 면회했다. 영자는 훤하고 미소 띤 얼굴로 나를 맞았다. 아픈 데가 없고 가렵지도 않다고 했다. 너무 반갑고 기분이 좋았다. 서로 눈을 마주치며 웃음을 교환하던 우리는 어느새 눈물이 글썽해졌다. 나는 또 몇 번이고 코를 풀었다. 눈물기가 있으면 나는 언제나 코를 풀어야 한다. 헤어질 때도 서로 손을 흔들었다.

### 8월 5일 (금)
영자 장애등급을 위한 일상생활능력검사와 신경과 진료를 위해 종일 경대병원에 있었다. 함께한 소정이도 애썼다. 오후에는 이 서방이 와서 차로 요양병원에 데려다 주었다. 영자는 기분이 침울했다. 내가 아프다니까 울기도 했다. 이가 엉망이라 음식도 잘 못 먹었다. 오는 수요일 치과에서 진료받는다. 몇 차례 치과에 또 다녀야 할 것 같다.

### 8월 7일 (일)
오전 열한 시 삼십 분에 영자 면회가 잡혀 있다. 혈당 수치가 올라가 있어 음료나 빵 종류도 갖고 가면 안 된다. 깻잎이나 좀 가져가려고 잘게 써는데 눈물이 왈칵 쏟아진다. 영자가 불쌍해 못 견디겠다. 영자야 좀 더 움직여 봐라. 내 허리 수술하고 좀 회복되면 집에 오자.

### 8월 8일 (월)
영자 피부과에 다녀왔다. 혈당 수치가 너무 높다니까 의사는 스테로이드 약을 좀 순하게 처방해 주었다. 잘 들어야 할 텐데.
돌아오는 길에 뷔페 식당에서 밥을 먹었다. 영자는 역시 많이 흘렸다. 보고 있자니 눈물이 난다. 식사 후 편의점에서 좀 놀다가 병원에 데려다 주었더니 헤어지기 싫다면서 손을 꼭 잡고 운다. 나도 코눈물이 쏟아진다.

8월 10일 (수)

영자와 치과에 갔다. 임플란트 여섯 개를 손보는데 250만 원을 내란다. 그렇게 하기로 했다. 돌아오는 길에 요양병원 아래 뷔페에서 식사를 했다. 영자는 국수와 잡채를 엄청 잘 먹었다. 많이 흘렸지만 맛있게 먹는 모습에 눈물나게 좋았다. 식사 후 가까운 편의점에 앉아 한참 놀았다. 돌아갈 때는 편의점에서 영자 스스로 이것저것 들고 갈 간식을 골랐다. 간호사에게 16일에 또 치과에 가야 한다고 일러두었다. 가짜 외진이다. 밖에서 밥을 사주기 위해서다. 소정이에게 이날 집들이를 하자고 했더니 가능하단다. 영자가 무척 즐거워하겠다.

8월 12일 (금)

수간호사한테서 전화가 왔다. 외부에서 음식을 먹이지 말고, 간식도 좀 삼가달라는 요구였다. 코로나가 기승이고 병원식으로도 영양이 충분하기 때문이란다. 그러자면 영자는 더욱 고립감을 느낄텐데. 잠이 안 온다. 내 허리 수술을 빨리 받고 영자를 집에 데려와야 한다는 생각이 간절하다.

8월 14일 (일)

코로나 때문에 비닐 막을 사이에 두고 앉은 영자의 얼굴은 맑고 평화로웠다. 편지도 줬다. 전화 받기를 몇 차례나 가르쳐 줬다. 그런데 저녁에 전화했더니 연락이 닿지 않는다. 바보 같다. 한없이 안타깝다. 그 상태가 본인으로서는 오히려 행복한 걸까?

### 8월 16일 (화)

영자가 치과 진료를 받은 후 소정이의 새 아파트에서 집들이 점심을 먹었다. 영자는 간밤에 잠을 설쳤다는데, 그 탓인지 내내 무표정하고 무기력했다. 점심 먹고 소파에 눕혀 다리를 주물러 줬더니 금방 깊은 낮잠에 빠진다. 잠든 사이에 1회용 면도기로 코 밑의 잔털을 깎아주었다. 얼굴이 훨씬 깨끗해 보인다. 세 시 반쯤 병원에 데려다주었다. 휠체어에 앉아 손을 흔들 때도 표정은 별로다. 비 내리는 날이었다.

### 8월 22일 (월)

어제의 간단한 면회에 이어, 오늘은 나드리 택시 타고 피부과에 다녀왔다. 네 시간을 함께 있는 동안 영자는 덤덤했고, 음식을 제대로 먹지 않았다. 오후에 병원에 데려다주고 집에 왔는데, 저녁녘에 병원에서 전화가 왔다. 영자가 안절부절못한다는 것이다. 전화로 달래 봐도 막무가내다. 간호사에게 안정제를 처방해 달라고 부탁했다. 마음이 너무 아프다.

### 8월 23일 (화)

명조한테서 전화가 왔다. 어제 저녁의 엄마 상태에 대해 간호사와 통화를 했단다. 통화가 끝난 후 내린 결론은 침대에서 떨어질까 봐 직원이 다리를 묶었기 때문에 격한 감정이 폭발했을 거라는 추측이다.

### 8월 24일 (수)

영자와 치과에 다녀왔다. 현정이와 아현이도 모처럼 함께했다. 저녁은 함께 먹지 못하고 다섯 시께 영자를 병원에 데려다주었다. 마음이 아팠지만 병원 측에서 외식시키는 걸 싫어하니까 협조하지 않을 수 없었다. 간호사들 말로는 외출 후에는 영자가 심한 후유증을 앓는단다. 집에 데려가지 않고, 왜 다시 병원에 집어넣느냐는 마음의 혼란 때문이리라. 생각만 해도 너무 마음이 아프다.

### 8월 26일 (금)

영자와 두 차례 통화했다. 영자는 도무지 못 참겠다는 듯 울면서 전화를 받았다. 마음이 너무 아프다. 지금은 도무지 집에 올 수 없는데 어떡하란 말이냐. 눈물이 절로 난다. 나도 웃음을 잃어버린 나날이다.

### 8월 28일 (일)

영자를 이십 분간 면회했다. 딱 이십 분이 룰이다. 영자는 약간 멍해 보였다. 혈당 때문에 맛있는 간식도 안 된단다. 가져간 참치캔과 게맛살을 도로 가져와야 했다. 눈물이 나서 몇 번이나 코를 풀었다.

8월 30일 (화)

영자에게 전화했더니 웃으면서 응답한다. 나도 기분이 좋아진다. 눈물이 핑 돈다. 저녁 먹고 이를 안 닦았단다. 이를 당장 닦으라니까 그러겠단다. 내일 치과에 간다고 하니 좋아라 한다.

8월 31일 (수)

영자 치과 치료를 마무리했다. 임플란트는 일단 뒤로 미뤘다. 체력이 임플란트 치료를 견딜 수 없다는 딸들의 권유에 따른 결과다. 영자는 얼굴에 수심이 깊어 보였다. 외진이 영자를 만날 수 있는 유일한 기회인데, 당분간은 외진 계획도 없다. 얼굴 보기가 당분간 어려워졌다고 생각하니 눈물이 난다.

요양병원 의사는 영자가 한 번씩 심한 정서불안을 보이므로 안정제를 쓰는 게 좋겠다고 말했다. 그렇게 하라고 답해줬지만, 부작용이 심할 텐데, 하는 걱정이 앞선다. 영자 씨, 이제 좀 일어서서 걸어다오.

9월 3일 (토)

전화를 받는 영자의 목소리가 탈진한 듯 기운이 없다. 안정제를 투여받고 힘이 더 빠져버린 듯하다. 내일 면회해 본 후 의사한테 안정제 투여를 중단해 달라고 요청해 봐야겠다.

9월 4일 (일)

명조네가 와서 함께 면회를 했다. 신경안정제를 복용하는 탓인지 영자는 멍한 표정이었다. 이십여 분간 칸막이를 사이에 둔 만남이었다. 마음만 아팠다. 그래도 그렇게라도 만날 수밖에 없다. 코로나라도 빨리 지나가면 좋으련만.

9월 10일 (토)
오전에 영자를 면회했다. 불고기를 조금 굽고 몇 가지 과일을 조금씩 담고 편의점에서 음료와 빵을 샀다. 당뇨 때문에 함부로 먹지 못하니 안타깝다. 영자의 표정이 밝았으면 그나마 좋겠다.

9월 13일 (화)
며칠 만에 영자를 만나 피부과의원에 다녀왔다. 너무 보고 싶었는데 몇 시간 함께 있으니 향수 같은 그리움이 조금은 풀렸다. 영자는 피부약이 너무 쓰기 때문인지 약 기피증이 심하고, 얼굴도 좀 초췌해 보였다. 무얼 사줘도 먹기를 싫어했다.

9월 14일 (수)
약 먹을 때 쓴맛을 덜 수 있도록 영자에게 야쿠르트를 좀 갖다줬다. 티슈와 함께 위생장갑도 갖다줬다. 전화로 들려오는 영자 목소리는 무덤덤하다. 영자야 보고 싶다. 내 허리가 좀 나아져 집에서 간병할 수 있다면 얼마나 좋을까.

9월 16일 (금)
어제 간호사실에 전화했더니 영자가 밤중에 일어나 집에 가야 한다며 소란을 피웠다는 전갈이었다. 얼마나 병원을 벗어나고 싶겠는가. 눈물이 난다. 머잖아 집으로 데려와야 하는데, 내가 기저귀 갈아주고, 휠체어에 옮겨 태우고 할 처지가 못 되니 한숨만 난다. 오전에 영자와 통화했다. 영자의 기분은 괜찮아 보였다. 요양보호사 선생님이 영자가 밥도 잘 먹고 말도 많이 늘었다고 전해준다. 요양보호사가 친절해서 너무 다행이다. 감사하다.

### 9월 21일 (수)

영자가 전화를 했다. 사회복지사를 통해서다. 무슨 아쉬움이 있는 것 같은데, 무슨 말인지 알아들을 수 없다. 눈물이 나려 한다. 내일 간식을 갖고 가겠다고 했다. 찾아가도 만날 수 없다. 편지와 간식을 전해주고 바깥에서 전화 통화를 하는 수밖에 없다. 그렇더라도 다녀와야지.

### 9월 23일 (금)

영자가 아침과 점심을 먹지 않았다는 요양보호사의 전화다. 마침 명지가 서울에서 온 터라 중국집 음식을 시켜서 보냈다. 그러나 오후 늦게 전화해 봤더니 음식이 식어서 먹지 못했다는 답변이었다. 눈물이 자꾸 난다. 불쌍해서 견딜 수 없다.

### 9월 25일 (일)

현정이와 함께 면회를 했다. 영자는 멍한 표정이었다. 나도 허리가 많이 아프고 약 때문에 소화도 잘 안 된다. 휠체어를 타고 병실로 들어가는 영자의 뒷모습에 한없이 슬프다. 눈물을 훔치며 잠깐의 만남을 마무리했다.

   화요일에는 영자 피부과 외진을 가야 하는데, 나의 아픈 허리 때문에 어떻게 해야 할지 모르겠다.

### 9월 29일 (목)

   오늘 영자를 데리고 피부과에 가려 했는데, 내 다리가 너무 아파 실행하지 못했다. 그러나 오후에 몇 가지 반찬과 간식을 가지고 찾아갔다. 영자와는 오늘 세 차례 통화했다. 대답하는 목소리는 건조했으나 아픈 데는 없다고 했다. 내 다리가 좀 괜찮으면 영자 피부과 외진을 나가야 한다. 너무 보고 싶다.

### 10월 6일 (목)

   영자를 데리고 피부과에 다녀왔다. 또 피부에 무엇이 돋아나고 가렵다고 했다. 나드리 콜택시가 많이 늦는 바람에 오후 내내 함께 있었다.

   저녁 일찍 요양병원 인근 식당에서 식사를 했다. 영자는 잡채밥을 왼손으로 잘도 먹었다. 천만다행으로 내 다리가 아프지 않았다. 서울에서 어제 치료를 받은 효과이리라. 이대로 낫는다면 횡재를 한 셈이다.

### 10월 11일 (화)

   내일은 영자의 외출일이다. 나도 많이 기다려진다. 저번 면회 때 영자가 닭백숙을 먹고 싶다고 했다. 소정이에게 예약해 두라고 전화해 놨다. 그러나 헤어질 때는 언제나 한없이 안타깝다. 그걸 생각하면 잠깐의 즐거움이 오히려 두렵다.

### 10월 12일 (수)

영자와 외식을 했다. 영자는 좋아하다가 금방 지쳐 보였다 점심 먹고 수성못 호반에서 놀았다. 오후 세 시쯤에는 열이 조금 났다. 약간 추웠던 것 같다. 한없이 애처롭다. 요양병원에 도착해 체크해 보니 37도가 약간 넘었다. 감기가 안 걸려야 할 텐데. 이 서방과 소정이가 동행해 줘서 고마웠다.

### 10월 13일 (목)

영자의 가려움증이 또 도졌다는 연락 받고 급하게 피부과에 함께 갔다. 또 먹는 스테로이드제를 처방받았다. 그리고 함께 저녁을 먹었다. 영자는 상당히 기분이 좋아 보였다.

### 10월 19일 (일)

오후 3시에 영자를 면회했다. 영자는 평안해 보였으나 말을 안 하고 약간 시무룩한 인상이었다. 무겁게 갖고 간 간식거리에 관심을 보였다. 전화 받는 법을 또다시 가르쳐줬다. 그러나 벨이 울려도 전화기를 잘 잡아들 줄 모른다. 눈물이 나려는 걸 참았다. 한 시간 동안 다리를 주물러줬다. 집에 오게 되면 당신 똥을 내가 치워줘야 한다니까 약간 민망해하는 표정이었다.

면회가 끝나고 병실로 들어갈 때는 담담한 표정이었다. 다음 금요일에 경대 정형외과 외진이고, 일요일에는 또 면회 일정이 잡혀 있다.

### 10월 18일 (화)

영자를 데리고 피부과의원에 다녀왔다. 밤새 가려움증에 시달렸다는 영자는 매우 시무룩한 표정이었다. 아마도 어제 전화로 기저귀 차고 걷지도 못하면서 집에 올 수 있겠느냐는 내 말에 상처를 입은 게 아닐까. 병원진료가 끝나고 몇 시간 함께 있으면서 얼굴에 생기가 돌고 웃음을 보였다. 들어갈 때는 평온한 얼굴이었다. 걷기 운동 하고 물 많이 마시면 집에 올 수 있다는 희망을 가지게 되었기 때문일 것이다.

겨울옷에 목도리를 한 영자는 귀여웠다. 아이들에게 그런 사진을 보내줬다. 습관적으로 환자들에게 반말을 하는 병원 종업원이 많다. 아주 기분 나쁘다. 이를 어떻게 한다? 힘없는 환자들이라 얕보는 것이다. 어지간하면 집에 데려와야 한다. 부디 그렇게 되어다오.

### 10월 20일 (목)

외출을 갔다 오면 영자 정서가 심히 불안해진다고 요양보호사가 전화해 왔다. 외출을 최대한 자제해 달라는 주문이다. 문제는 피부병이다. 약을 먹어도 가려우니 긁고, 긁으면 더 가려우니 못 긁게 손에 멍멍이 장갑을 끼운단다. 영자는 이를 못마땅하게 여겨 난동을 부리고. 이를 우짤꼬! 내일 경대병원 정형외과 갈 때 만나자고 영자에게 전화했다. 영자는 멍하니 '예에'만 한다.

10월 26일 (수)
경대 피부과에서 첫 진료를 받았다. 스테로이드를 쓰지 않는 처방을 해주었다. 가려울 때 붙이는 패치도 받았다. 부디 안 가려워야 할 텐데. 몇 시간을 함께 있으면서 영자는 감정이 없었다.

11월 6일 (일)
요양병원 면회실이다. 무표정하던 영자 얼굴을 쓰다듬어 주고, 아이들과 전화 통화하고, 그리고 콧수염도 깎아주고, 사진을 찍어 보여주고 하니까 살아났다. 직원 몰래 야쿠르트와 감귤을 먹였다. 너무 맛있게 먹는다.
내일은 파티마병원 피부과 진료일이다. 지금까지 다닌 네 군데 병원의 치료가 듣지 않아 다섯 번째로 예약한 병원이다.

11월 8(화)
어제는 파티마병원에서 피부과 진료를 받았다. 파티마병원은 경대병원과 달리 따뜻하고 아늑한 분위기다.
오늘 영자 외출 날이라 반가웠는데, 함께하기로 한 소정이가 감기로 빠지고 이 서방이 차를 갖고 와 고생했다. 영자는 소풍 가는 기분이 들었는지 즐거운 표정이더니, 점심을 먹고 나서는 계속 졸았다. 그러지 않기로 단단히 약속을 했는데도 또 요양병원으로 돌아가서는 심술을 부렸나 보다.

요양보호사로부터 오후 7시쯤 전화가 왔다. 약도 안 먹고, 이도 안 닦고, 기저귀까지 갈지 않으려 한다는 것이다. 전화로 달래고 빌고 했으나 아예 대답조차 하지 않는다. 떼쓰는 아이 같다.

셋째 딸과 함께

### 2부

# 슬픈 행복

— 휠체어 산책을 즐겼던 요양원 시절 —

11월 13일 (일)

영자가 11일 요양원으로 옮겼다. 오늘이 발병 1년 1개월이다. 옮긴 첫날 영자는 새 환경에 적응하지 못해 뜬눈으로 밤을 새웠단다. 요양병원에서 퇴원할 때 매우 좋아했는데, 아마도 집으로 가는 줄 알았던 모양이다. 그런데 집이 아니고 낯선 요양원이라 실망이 이만저만이 아니었던 것 같다. 눈물 나는 사연이다.

어제는 너무 긁어서 옴인가 의심하여 피부과의원에 급히 다녀와야 했다. 영자의 마음을 위로해야 한다. 그래서 오늘도 면회를 간다. 면회가 자유로우니 그나마 다행이다.

간만에 기분이 좋은 날이다. 오후에 면회를 갔더니 휠체어를 탄 영자가 웃는 얼굴로 반겨준다. 목욕을 해서 기분이 아주 좋아보였다. 요양원 뜰에서 햇빛을 즐기기도 했다. 헤어질 때는 서로 손을 흔들기도 했다. 내일 파티마병원 피부과에 간다니까 좋아라 한다.

11월 15일 (화)

어제 영자 피부과에 다녀왔다. 파티마 약이 잘 듣는 것 같다. 사설 앰뷸런스로 가서 나드리 택시로 돌아왔다. 진료 끝나고 구내식당에서 영자는 너무 잘 먹었다. 웃어가면서 오뎅 세 개와 큰 빵 한 개를 거뜬히 먹어치우는 것이었다. 나는 기분이 좋았다.

오늘은 빨리 오라고 전화가 왔다. 귤과 야쿠르트, 빵 같은 것을 배낭에 지고 갔더니 반가워서 안절부절못한다. 옥상에 올라가 사진 찍어 아이들한테 보내 주고 하면서 즐거운 시간을 보냈다. 활짝 웃곤 하는 영자의 얼굴이 너무 보기 좋았다. 그리고 슬펐다.

요양병원 있을 때보다 너무 좋아진 것 같아 고마웠다. 내일 또 오겠다고 말하고 억지로 헤어졌다. 매일 오후마다 영자는 기다리고 기다릴 것 같다.

11월 19일 (토)
오늘 영자는 평화롭고, 안정된 표정이었다. 이틀 전 헤어질 때 밖으로 자꾸 나가자던 행동과는 완전히 달랐다. 이제 다시 번지는 코로나 때문에 면회도 제한된다. 오늘 표정으로 봐서는 자주 안 가도 될 것 같다. 요양원으로 옮기기를 잘한 것 같다.

11월 25일 (금)
영자를 데리고 파티마병원 피부과에 다녀왔다. 영자는 휠체어에서 계속 졸았다. 아마도 아침에 먹은 약이 과했던 모양이다. 그래서 요양원 간호사에게 우울증 약의 투약을 중지해달라고 요청했다. 그런데 오른쪽 다리가 심하게 아픈 듯했다. 결국에는 오후 늦게 정형외과에서 엑스레이 촬영을 했다. 의사는 관절이나 뼈에 문제는 없다고 했다. 결론은 안 하던 운동을 좀 많이 해서 근육통이 온 것으로 마무리되었다.
저녁 늦게 헤어지면서 영자는 못내 아쉬워했다. 나도 눈물이 났다. 내일은 좀 좋아질 것 같은 예감이 든다. 근육통 주사도 맞았고 우울증 약도 먹지 않으면 컨디션이 좀 나아질 것 아닌가. 내일 일찍 전화해 봐야지.

11월 27일 (일)

날이 갈수록 영자의 상태가 좋아지긴 어려울 것이다. 그걸 견뎌내야 하는 내가 서글프다. 어제는 영자가 기저귀 안에 손을 넣어서 변을 손에 들고 있더란다. 이걸 어쩌나. 눈물이 난다. 부디 더 이상의 치매는 오지 말거라.

11월 29일 (화)

영자는 한없이 불쌍하고, 나는 여기저기가 아프다. 혼자 가만히 집에 있으면 서글퍼진다. 의미 없는 날이 오고 또 번개같이 지나간다.

석가나 예수나 소크라테스나 톨스토이나 모두 그렇게 아웅대다 떠나갔다. 죽은 자는 망각으로 사라졌는데, 산 자들이 온갖 의미를 붙여 추모한다. 죽은 자는 그걸 알지 못한다. 生은 쏲이다. 그러나 요양원에 있는 영자는 실존이다. 나도 실존이다. 그래서 쏲과 영자와 내가 뒤엉켜 고뇌한다.

12월 1일 (목)

말을 잊어버린 영자는 자꾸 밖으로 나가자고 한다. 요양원을 뒤로하고 멀리멀리 달아나고 싶은 것 같다. 막무가내다. 갇혀 있는 것에 대한 혐오가 철철 넘친다. 눈빛에 단호함이 담겼다.

다른 사람은 몰라도 나는 안다. 나를 왜 여기 가둬놓느냐는 항변이다. 치매가 아니다. 어린아이가 제 뜻대로 되지 않을 때 땅에 드러누워 울며불며 발버둥 치는 모습 그대로다. 영자야! 이 무슨 저주란 말인가.

12월 2일 (금)

요양원에 전화했더니, 어제 헤어진 이후 영자는 아무렇지 않게 저녁 식사를 두 그릇이나 먹었단다. 어제는 아마도 외출하는 줄 알았는데 그러지 못했으니 크게 실망하여 행패를 부렸던 것 같다. 밤새 마음이 아팠다. 자다가도 몇 차례나 영자 이름을 불렀다. 영자야, 미안하다.

12월 7일 (수)

전화로 '많이 가려워?'라고 물었더니, 영자가 '그런 정도는 아니고'라고 답한다. 왈칵 눈물이 쏟아지려 한다. 말을 구사하는 능력이 좋아진 것 같다. 반갑다. 코로나 때문에 면회가 안 된다. 병원 외진도 안 된다. 오늘 전화 목소리로 봐서는 버려져 있다는 느낌은 갖고 있지 않은 듯하다. 그래도 미안하고 많이 보고 싶다.

12월 10일 (토)

영자 피부과 약을 지어 요양원으로 갔다. 그러나 면회가 되지 않아 못 만나고 그냥 돌아왔다.

오늘 여러 번 시도 끝에 영상통화가 된 영자는 정신이 혼미해 보였다. 화면도 보지 않고 무슨 말을 하는지 알 수가 없었다. 눈물 콧물이 쏟아진다. 요양보호사 말로는 자꾸 밖에 나가고 싶어 한다는 것이다. 얼마나 답답하겠나. 아 부질없는 삶이여!

12월 18일 (일)

간만에 명조와 함께 영자를 만났다. 영자는 걱정했던 것보다 훨씬 잘 지내고 있었다. 음식을 잘 먹고 곧잘 웃었다. 헤어질 때도 손을 흔들며 아쉬워하지 않은 듯했다. 얼마나 고마운지 눈물이 날 지경이었다. 영자 씨! 부디 평안한 마음으로 그렇게 잘 있어줘요. 고맙다.

12월 23일 (금)

영자가 웃는 얼굴이다. 가져간 간식과 코다리찜을 보고 좋아하기도 했다. 하균이 뒤집기하는 동영상을 보고 천진난만하게 소리내어 웃었다. 문제는 헤어질 때다. 계속 밖으로 나가자고 떼를 썼다. 억지로 간호사가 데리고 들어갔다. 마음이 아프다.

저녁에 전화를 했더니, 마음이 많이 상한 듯한 응대였다. 이건 아닌데…. 어쩌면 좋단 말인가.

12월 29일 (목)

간만에 만나는 영자는 초췌하고 야위어 보였다. 그러나 소정이가 딸기와 포도를 먹여주고, 내가 하균이 몸 뒤집는 사진을 또 보여주자 많이 웃고 즐거워했다. 한 시간 면회 후 우리는 손을 흔들며 헤어졌다. 마음이 짠하다. 큰 소리로 노래라도 불러야겠다. 영자는 나흘 후 파티마병원 피부과에 가기 위해 외출할 수 있을 것 같다. 그때 또 실컷 봐야지. 그때쯤이면 내 허리가 좀 괜찮아지려나.

**12월 31일 (금)**

    영자와 통화했다. 전화를 해도 받을 줄 모르니 옆에서 도와줘야 가능하다. 너무 보고 싶다. 이래서는 안 되는데, 보고 싶어 눈물이 쏟아진다. 다행히 영자는 잘 지내는 것 같다. 모레 파티마에 갈 때 잠시나마 함께 외출을 하자. 힘들었던 한 해가 간다. 영자는 아직도 못 걷고, 나는 걸음이 힘들다.

## 2023년

1월 1일 (일)

어제와 오늘에 걸쳐 헬렌 켈러 이야기를 읽었다. 『사흘만 볼 수 있다면』이란 제목의 책이다. 그녀의 의지는 끝없는 호기심과 더불어 신과 내세를 믿었기 때문에 더욱 꽃을 피웠다. 신이 없는 사람에게는 불가능한 얘기다. 책의 마지막 문장은 톨스토이의 『세 가지 질문』의 결론과 꼭 같다. "행복해지는 가장 간단한 방법이 무엇이냐고 누가 묻는다면 선을 행하는 것이라고 대답하겠다."

1월 2일 (월)

영자를 데리고 피부과 병원에 다녀왔다. 영자는 간만의 외출에 무척 좋아하다가 몇 시간이 지나자 피곤해했다. 오뎅을 엄청 잘 먹었다. 입이 터져라 허겁지겁 먹는다.

네 시간을 함께했다. 실컷 쓰다듬어 주었다. 그러나 막상 헤어질 때는 한없이 측은했다. 못 걷고, 화장실에도 못 가고, 말도 못 하지 않은가.

1월 4일 (수)

영자한테 전화가 겨우 닿았는데, 기분이 별로인 것 같다. 말을 알아들으면서 표현은 되지 않는다. 얼마나 답답할까. 이야기를 해도 완전 디프레스다. 몰라 몰라 하다가 전화를 끊어버린다. 절망감에 젖은 듯한 느낌이다. 또 눈물이 난다. 아무리 안타까워해도 뾰족한 해결책은 없고 나의 우울증만 더해질 뿐이다. 전화하기도 겁이 난다. 그래도 매일 한 차례 전화라도 해야 한다.

### 1월 5일 (목)

전화로 들려오는 영자의 말소리가 상당히 명랑하다. 어제와는 딴판이다. 갑자기 내 기분이 좋아진다. 부디 기분 좋게 지내다오. 그래도 영자 생각만 하면 눈물 콧물이 절로 난다. 일요일에 만나자니 좋아라 한다. 그래, 어쨌든 기분 좋게 살자꾸나.

이청 작가의 『스님 극락이 여긴데 어디로 가십니까』를 다시 꺼내 읽고 있다. 마음이 차분히 가라앉는다. 좋은 책은 최고의 치료제다.

### 1월 7일 (토)

움직일 수 있는 나도 심심하고 답답하기 일쑤인데, 아무것도 할 수 없는 영자는 얼마나 답답할까. 전화를 했더니 어딜 가려고 신발을 신느냐는 요양보호사의 목소리가 들린다. 혼자 신발을 신으려고 애쓴 모양이다. 가슴이 답답하다. 한숨이 난다. 눈물이 난다. 영자를 도울 수 있는 일이 정말 없을까?

### 1월 8일 (일)

영자를 면회했다. 웃는 표정의 영자는 기분이 좋아 보였고 가져간 음식을 무척 잘 먹었다. 나도 기분이 좋았다. 한 시간 면회가 끝나고 헤어질 때는 많이 아쉬워했다. 나는 멍해졌다. 사람을 사랑한다는 건 어쨌거나 괴로운 일이다. 나는 영자에 대한 연민이 매우 깊은 것 같다. 생각만 해도 코눈물이 난다.

### 1월 10일 (화)

영자를 면회했다. 바지에 똥이 심하게 묻어 두어 개를 쓰레기통에 버렸기 때문에 다른 바지를 갖다 달래서다. 이틀 만에 만난 영자는 싱긋이 웃으며 좋아했고, 갖고 간 귤을 아홉 개나 먹어치웠다. 한 시간쯤 이야기하며 다리를 주물러 주고, 딸들과 통화를 했다. 헤어질 때는 금세 침울해졌다. 나는 저절로 코눈물을 쏟았.

아니나 다를까 저녁에 요양보호사로부터 전화가 왔다. 식사도, 약도 안 먹고 침울해져 있으니 좀 위로해 주라는 것이었다. 전화를 받은 영자는 아무런 대꾸도 하지 않는다. 요양보호사에게 부탁해 삼십 분 후에 또 전화를 했더니 잠이 든 것 같다고 했다. 요양보호사는 면회를 한 후에는 항상 침울해한다는 것이다. 영자야! 이 슬픔을 어찌할꼬.

### 1월 13일 (금)

맛있는 전을 부쳤다. 영자가 먹고 싶어 할 것 같은 음식이다. 요양원에 급히 면회를 신청했다. 겨우 허락을 받아 오후에 영자를 만났다. 이틀만의 면회라 영자는 의외란 듯한 반응이었으나 무척 반가워하고 밝은 표정이었다. 갖고 간 음식을 지나칠 정도로 잘 먹는다. 운동도 안 하는 사람이 많이 먹으니 걱정이다. 한 시간의 만남 후 헤어질 때는 표정이 또 굳어진다. 모레 일요일 소정이와 함께 오겠다고 했는데도 굳은 표정이 풀리지 않는다.

1월 15일 (일)

소정이와 함께 영자 면회를 했다. 기한이 정해져 바깥세상으로 나온다는 기대 속에 살아가는 수형생활이 오히려 좋을 것 같다. 영자는 잠깐 만나고 헤어지면 또 갇혀 사는 신세니 얼마나 답답하겠나. 슬프다. 나도 이 우울을 떨쳐버리면 무엇엔가 속고 사는 방법을 모색해야 한다.

영자는 음식을 잘 먹었다. 비교적 좋은 분위기로 한 시간 동안 함께 있었다. 저녁 늦게 요양원 간호사로부터 전화가 왔다. 영자가 헤어진 후 물건을 내던지며 소란을 피운다는 것이다. 전화를 바꿨더니 횡설수설하며 불만이 대단하다. 마음이 너무 아프다. 요즘 나도 밤잠을 설치는 마당인데, 황망하다.

1월 16일 (월)

전화를 했더니 영자는 '예예' 하고 대답은 잘한다. 아주 건조한 목소리다. 말 못 하고, 걷지 못하고, 기저귀 차고, 당뇨에다 피부병이 심하고, 정신조차 온전하지 못하니 너무 불쌍하다. 생각만 하면 눈물이 절로 난다. 그래도 이겨내야 한다. 죽는 날까지 무너지지 않고 영자를 돌봐야 한다. 나의 마지막 사명이다.

1월 23일 (월)

설 명절(22일)날 철희와 함께 영자를 면회했다. 휠체어 밀고 요양원 옆 아파트 경내를 좀 돌아다녔다. 영자는 갇힌 마음이 덜어지는 듯 약간은 좋아했다. 그러나 내 마음은 아팠다. '수욕정이 풍부지

(樹欲靜而風不止)'라 했지, 영자에게 한없이 잘해주고 싶은데, 그게 이제 안 된다. 나도 많이 아프다.

설날 저녁에는 소정이네와 현정이네가 와서 한바탕 저녁을 먹고 갔다. 철희는 하룻밤 자고 오늘 아침에 올라갔다. 철희한테 유서를 써서 책상 위에 놔두겠다고 말해줬다. 저녁녘에 영자에게 전화했더니, 약간 졸리는 목소리로 '예예'만 한다.

1월 27일 (금)
영자가 통화 후에는 갑자기 난동을 부린다는 연락이 왔다. 답답해서 그럴 것이다. 눈물이 난다. 나는 요즘 수면제를 먹지 않고는 잠을 못 이룬다. 이래서는 안 된다. 세상 잡다한 다른 일에 관심을 두고, 영자 일에 신경을 좀 꺼야 한다.

1월 29일 (일)
현정이와 함께 영자를 면회했다. 영자는 보자마자 밖으로 나가자고 했다. 갇혀 사는 생활이 얼마나 답답하면 그럴까. 휠체어를 밀고 옆 동네 아파트단지 안을 돌아서 요양원으로 돌아왔다. 다행히 날씨가 좀 풀려 춥지는 않았다. 저녁에 전화를 했더니 영자는 평온한 분위기였다. 내일 나드리 택시 타고 피부과병원에 간다는 말이 위로가 된 것 같다.

1월 30일 (월)
영자를 데리고 파티마병원 피부과에 다녀왔다. 나드리 콜택시가 있다는 게 다행이다. 오가며 14만 원이 들어야 할 구급차에 비해 나드리는 5천 원밖에 들지 않는다.

영자는 오뎅을 얼마나 좋아하는지 모른다. 구내식당에서 자그마치 여섯 꼬치나 먹었다. 오후 네 시 반이 되어서야 요양원에 들어갔는데, 저녁에 전화해 보니 기분이 별로라는 간호사의 전갈이다. 집이 아니고, 왜 여기냐는 생각 때문인 것 같다.

데려올 수 있으면 얼마나 좋겠나. 그러나 못 걷고, 화장실을 못 가니 허리 아픈 내가 대처할 방법이 없다.

### 1월 31일 (화)

영자 어금니가 아픈 듯해서 치과에 갔다. 결과는 10년 전에 때운 부위에 충치가 생겨 때운 것을 벗겨내고 충치를 치료하고 다시 덮어씌워야 하는 거창한 공사다. 비용도 200만 원 가까이 들고 치료 기간도 20일이 걸린다는 것. 왼쪽 엄지발가락 수술 부위도 아직 덜 나았는데 또 이빨이라! 서글픈 생각이 든다.

### 2월 3일 (금)

영자 발에 자꾸 커다란 물집이 생긴단다. 요양원에서 보낸 사진을 들고 가까운 피부과에 갔더니 운동을 하지 않아 혈액이 통하지 않기 때문이란다. 물을 빼내고 화상연고를 바르란다. 그리고 다리와 발을 마사지해 주란다. 정형외과, 치과, 피부과…. 종일 병원 나들이였다. 슬퍼하면 우울해진다. 감사하자.

2월 4일 (토)

영자를 면회했다. 요양원 옆 아파트 경내를 휠체어로 돌아다녔다. 영자는 음식도 잘 먹었다. 발의 물집은 화요일에 파티마 내분비내과에서 확인해 볼 작정이다. 영자의 얼굴은 보기에 좋을 정도였고, 컨디션도 좋아 보였다. 두 시간가량 함께 있다가 아쉬워하면서도 돌아가라고 승인해 줬다.

딸기와 삶은 밤을 먹이며 종아리를 만져줬더니 좋아라 했다. 발의 물집이 운동 부족 때문이라면 마사지를 계속해 줘야 한다고 요양원 측에 여러 번 당부했다.

2월 7일 (화)

잠을 설쳐서 찌푸둥한 몸으로 영자 외진을 갔다. 오후 두 시부터 다섯 시까지 파티마병원에서 세개 과를 다녔다. 외과에서는 혈류검사를 하잔다. 의사는 당뇨발이 아닐까 하는 의심을 보였다. 그렇다면 예삿일이 아니다. 무심해 보이는 영자가 한없이 불쌍하여 눈물 콧물이 절로 난다.

이 일은 어쩐담? 며칠 후 상처의 경과를 보고 혈류검사 여부를 결정해야겠다.

2월 9일 (목)

영자를 면회했다. 한 시간가량 휠체어 산책한 후 딸기를 먹었다. 1만 원어치를 단숨에 다 먹어버렸다. 혈당이 오를까 봐 말렸지만 막무가내다. 오늘은 기분이 가벼워 보였고, 의사 표현이 되고 표정도 좋았다. 헤어질 때는 손을 흔들어 주기도 했다. 부디 그렇게 계속 기분이 밝았으면 좋겠다.

2월 12일 (일)
명조와 함께 면회했다. 두 시간가량 밖에서 휠체어 산책을 했다. 날씨가 고약해서 불편했다. 영자는 헤어지기를 못내 서운해했다. 착하게 무기력해진 영자는 눈물을 자아낸다. 아무리 쓰다듬어도 만족스럽지 못하다. 더 이상 무엇을 해 줄 수 없는 내 처지가 딱하다.

2월 16일 (목)
소정이와 함께 외출했다. 산속의 닭백숙집에서 맛있는 점심을 먹고 커피숍에까지 갔다. 영자는 너무 잘 먹었다. 혈당이 걱정되어 말려야 할 정도였다. 표정에는 별다른 변화가 없다. 얼굴을 쓰다듬고 안아주었다. 너무 착해진 영자가 한없이 측은해 자꾸 눈물이 난다.

2월 19일 (일)
나드리 택시를 불러 수성유원지에서 세 시간을 보냈다. 날씨가 쌀쌀해 바깥에서 걷지는 못하고 커피숍에서 빵을 사 먹었다. 영자는 매우 잘 먹었다. 혈당 때문에 걱정이 되었다. 영자는 내내 멍하고 약간 침울해했다.

2월 23일 (목)
영자 발과 손에 자꾸 물집이 생긴다. 예삿일이 아니다. 내일 파티마에서 혈류검사를 하기로 했다.

2월 24일 (금)
영자의 파티마병원 진료에 종일이 걸렸다. 현정이가 수고했다. 혈류검사 결과 다행히 당뇨발은 아니었고. 피부물집은 면역력 감퇴로 인한 것이라는 진단이었다. 얼마나 다행인지 모르겠다.

2월 28일 (화)
영자는 오늘 편안한 얼굴이었다. 다행이다. 바깥바람을 쐬어주고 싶었으나 요양원 눈치가 보여 그렇게 하지 못했다. 영자는 사정을 설명하니 알아들었다. 고구마 믹스와 대저 토마토를 너무 잘 먹었다. 똥만 스스로 해결된다면 데리고 나오고 싶다.

3월 3일 (금)
경대병원에서 영자 신경과 진료를 보느라 오후 내내가 걸렸다. 영자도 나도 지쳤다. 다행히 휠체어에 앉은 영자가 네 시간이나 잘 버텨주었다.

3월 6일 (월)
파티마병원 피부과에 다녀왔다. 식당에서 밥 먹고 햇볕 아래서 놀다가 오후 네 시 가까이 되어 요양원으로 돌아왔다. 중간에 친절한 병원 직원의 도움으로 기저귀 갈고, 복도 의자에 한참 누워있기도 했다. 계속 다리를 올려서 주물러주곤 했지만, 영자가 얼마나 힘들었을까. 나도 지쳤지만 불쌍해서 눈물이 절로 난다.

3월 9일 (목)

영자와 세 시간을 산책했다. 지치도록 휠체어를 밀면서 영자의 오른쪽 손바닥에 심하게 퍼진 물집을 보고 울었다, 영자는 오늘 요양원에 들어가기를 몹시 싫어했다. 떠밀려 올라가면서 발버둥 치는 모습을 보며 나는 그냥 울기만 했다. 영자를 집으로 데려와야 하는데 무슨 방법이 없을까? 요양보호등급을 2급으로 올려받고 요양보호사를 집으로 오게 하면 될까? 그런데, 휴일에는 오직 나 혼자 감당해야 하니 그게 문제다.

3월 13일 (월)

영자를 데리고 파티마병원 피부과에 갔다. 온몸에 물집이 생기는 이상한 병인데도 의사는 대수롭지 않게 생각했다. 약으로 치료될 수 있다고 했다. 나의 설명을 듣고 영자도 안심하는 듯한 반응이었다. 병원 식당에서 식사를 한 후, 작은 정원에서 햇볕을 쪼이며 행복한 시간을 보냈다. 이렇게라도 오래오래 행복했으면 좋겠다.

3월 15일 (수)

오늘 우리는 요양원 주변을 휠체어로 돌고 돌았다. 영자는 그냥 약간 우울했다. 우리는 봄꽃도 보고 하늘의 구름도 보며 기분 전환을 하려고 애썼다. 걷지 못하고 기저귀를 차야 하니 집에 올 수는 없을 텐데, 나는 자꾸만 영자를 데려와야 한다는 생각에 젖는다.

3월 19일 (일)

영자 데리고 수성유원지에서 봄 햇살을 즐겼다. 영자는 뭣이건 잘 먹었다. 그러나 사람 많은 분위기는 별로 좋아하지 않았다. 꼬박 세 시간 만에 요양원으로 돌아갔는데, 대소변이 어땠는지 걱정이다. 코로나가 숙진 덕에 이렇게 면회 시간에 장거리 외출을 할 수 있으니 천만다행이다.

3월 20일 (월)

현정이와 함께 영자 봄옷을 샀다. 면으로 된 실내복이다. 윗옷 세 개와 바지 두 개다. 영자에게 전화해서 내일 세탁해 곧 갖다주라고 알려줬다. 좋아하는 눈치였다.

3월 26일 (일)

영자와 세 시간 외출을 했다. 영자는 닭고기를 무척 잘 먹었다. 내가 떠먹여 주는 닭고기를 먹으며 울기도 했다. 나는 눈물을 여러 차례 닦아주었다. 봄꽃이 만개했다. 우리가 새로 찾아낸 커피숍은 분위기가 너무 좋다. 거기서 점심을 먹었다. 요양원에서 영자는 어서 돌아가라고 손짓을 했다. 피곤했나 보다. 나도 지쳐서 녹초가 되었다. 내일 또 파티마 피부과에 가야 한다. 내 몸도 엉망이지만 영자가 너무 불쌍하다.

3월 27일 (월)

아침 시간에 어제 면회 때 찍은 영자의 사진을 보며 울고 있다. 어제 내가 떠먹여 주는 치킨을 먹으며 눈물 콧물을 자꾸 흘리던 그 모습이 떠올라서다.

오후에 영자는 파티마 피부과에서 진료를 받았다. 어제와는 달리 무기력하고 무표정하고 무심했다. 네 시간을 시종일관 그랬다. 음식도 거의 먹지 않았고 계속 졸았다. 몸이 몹시 피곤해 보였다. 잠을 못 잔 걸까? 똥을 못 눈 걸까? 약에 취한 걸까? 헤어지고 돌아와서도 내내 마음이 울적하다.

### 3월 30일 (목)

정형외과에서 부러졌던 영자의 오른쪽 팔을 점검받았다. 움직이지 못한 탓에 기능이 거의 소실되었다는 의사의 말이다. 지금부터라도 주물러주고 움직이게 해줘야 한다. 누가 그걸 해 줄 수 있겠나.

세 시간가량 함께 있으면서 영자의 정서는 상당히 안정되었다. 나도 함께 요양원으로 들어가 거기서 함께 산다면 어떨까?

### 4월 1일 (토)

전화를 두 차례나 해도 영자는 벙벙거리면서 말을 하지 않는다. 안아주고 얼굴에 뽀뽀해 주고…라고 중얼거린다. 카페에서 닭고기를 먹을 때 영자가 자꾸 눈물 콧물을 흘리던 일이 생각난다. 두 차례나 그랬다. 눈물 콧물 닦아주며 고기를 포크로 찍어 먹였었다. 영자는 왜 울었을까? 집에 데려와 안아주고 만져주고, 기저귀도 갈아주고 싶은데, 현실이 그러지 못하니 눈물 콧물만 쏟아진다.

4월 2일 (일)

소정이네와 함께 영자를 데리고 닭백숙 식당에 갔다. 서너 시간 후에 요양원으로 되돌아왔다. 요양원 앞에서 영자는 울기까지 하면서 들어가지 않겠다고 버텼다. 소정이네를 먼저 보낸 후 아무리 설득해도 영자는 막무가내였다. 눈빛도 달라졌다. 함께 집으로 가자는 것이다. 영자가 움켜쥔 나의 윗옷을 벗어버리라는 간호사의 조언으로 겨우 해방이 되었고, 영자는 어쩔 수 없이 간호사에게 떠밀려 올라갔다.

집에 오고 싶은 심정이 얼마나 간절하겠나. 한숨이 절로 난다. 무슨 뾰족한 방법이 없을까?


4월 6일 (목)

오후 3시. 휠체어를 탄 영자는 표정에 웃음이 담겼다. 갖고 간 옷이랑 간식거리를 직원에게 전해주고, 우리는 예의 마고커피에서 김밥과 닭고기로 성찬을 즐겼다. 마고는 조용하고 경관이 좋은 데다 직원도 친절해서 내가 대구에서 가장 좋은 커피숍이라고 말하는 곳이다. 다리를 주물러 주면서 나는 슬픈 행복에 젖었고, 영자도 비교적 만족해하는 표정이었다.

피부의 검은 물집들이 거의 사라질 정도로 상태가 좋아졌다. 내가 깨끗해진 오른쪽 손바닥을 보며 좋아라 했더니, 영자는 아직 조금 덜 나았다고 말했다. 그런 표현을 할 수 있다는 게 신기할 정도로 고마웠다.

한 시간 반쯤이 지나 영자가 오줌을 쌌다는 시늉이다. 우리는 서둘러 요양원으로 향했다. 헤어지면서 영자는 손을 흔들어준다. 눈물 나게 고마운 모습이었다.

### 4월 9일 (일)

영자를 데리고 마고커피 갤러리에서 간식을 먹으며 두어 시간 행복했다. 영자는 인지 상태도 매우 좋고, 눈을 마주치면 잘 웃었다. 상당히 정상이고, 치매기는 전혀 없다. 장시간 앉아만 있는 것이 힘들까 봐 자주 몸을 추슬러 주었다. 오는 14일 생일날에 철희가 온다니까 좋아라 했다. 생일날 아침에 큰 케이크가 배달되거든 그곳 사람들과 나눠 먹으라고 했더니, 또 웃으며 좋아라 한다. 겨울옷 한 보따리를 돌려받아 들고 왔다.

### 4월 14일 (금)

영자 생일날이다. 철희와 함께 면회를 했다. 케이크 촛불을 켜고 축하 노래를 불렀다. 영자도 따라서 노래를 부른다. 눈물이 핑 돈다. 휠체어를 번갈아 밀며 마고커피에 도착해 두 시간쯤 놀았다. 영자는 대체로 우울했다. 어쩌다 웃긴 했어도 우울이 덮친 얼굴이다. 다리를 주물러 주면서 위로를 하려고 애썼지만 그게 무슨 위로가 되겠나 싶다.

### 4월 18일 (월)

영자와 피부과에 다녀왔다. 피부는 많이 나았고 영자의 기분도 좋은 편이었다. 얼굴 사진을 찍어 보여주니 좋아라 한다. 웃는 포즈도 취할 줄 안다. 그러나 병원에 있는 몇 시간 동안 지친 표정이었다. 휠체어에 앉아 서너 시간을 보낸다는 게 얼마나 힘들겠나. 그래도 이렇게라도 살아있으니 고맙다.

4월 20(목)
영자의 피부병은 거의 다 나았고 얼굴에도 표정이 살아났다. 곧잘 웃고 심지어 커피숍 직원에게 인사도 한다. 잘 먹고 행복한 표정을 짓는다. 고마운 일이다. 오는 일요일 또 면회 오마고 약속했다. 마고커피를 발견한 것이 큰 다행이다. 영자도 그곳을 좋아한다.

4월 30(일)
영자가 코로나에 감염된 것 같다는 전화가 왔다. 이걸 어쩌나. 두 번째 감염이다. 첫 번째는 대구 의료원에 격리되어 죽을 고비를 넘겼는데, 이번에는 가볍게 지나갈 수 있기를 바랄 뿐이다.

5월 2일 (화)
영자는 같은 증세의 다른 한 사람과 함께 격리되어 있다. 약간의 열이 있는 것 외에는 특이한 증상은 없단다. 너무 무료할 것 같아 안타깝다.

5월 6일 (토)
영자가 코로나 격리 끝내고 원래 있던 방으로 돌아갔다. 다행이다. 감사하다. 빨리 만나 바깥바람을 좀 쐬야 할 텐데. 모레 파티마 피부과에 간다.

### 5월 8일 (월)

코로나를 앓은 영자는 초췌해 보였다. 우리는 파티마병원을 향해 나드리 택시를 탔다. 어버이날이라고 멀리 울산에서 온 명조에게 영자는 손을 흔들어 주었다. 피부과 진료를 마친 영자는 평소와 달리, 아무것도 먹지 않으려 했다. 낮에 먹은 음식이 체했는가? 코로나 후유증으로 체력이 소진된 탓인가? 표정도 좋지 않았다. 역시 평소와 달리 빨리 돌아가자고 했다. 괜찮으려나? 영자를 올려보내고 요양원을 나서면서도 찝찝했다. 내일 일찍 전화를 해보는 수밖에.

### 5월 9일 (화)

영자와 함께 있는 시간이 가장 좋다. 위문을 하는 게 아니라 위로를 받는다. 그러나 내면에 잔잔히 흐르는 슬픔이 언제나 나를 눈물 짓게 한다. 영자는 이제 그곳 생활에 익숙해진 것 같다. 그전에는 바깥에 한 번 나오면 안 들어가려 했는데, 이제는 좀 피곤하면 들어가자고 한다. 체념을 한 건가.

오늘도 마고커피에서 이런저런 것 먹으며 다리를 주물러 주었다. 요양원에 들어와 같이 살까, 하고 물었더니 영자는 픽 웃었다.

### 5월 14일 (일)

마고커피에서 즐겁게 보내고 요양원에 돌아오자 영자는 이제 돌아가라고 손짓을 한다. 그 모습이 한없이 쓸쓸해 보였다. 집에 돌아와서도 그 모습이 떠올라 눈물이 난다.

5월 17일 (수)

마고커피에서 영자는 꽤나 행복한 표정이었다. 카메라 앞에서 웃는 표정을 잘 지었고, 종업원의 인사에 웃으며 대답도 잘했다. 영자는 아픈 곳도, 가려운 데도 없는 것 같았다. 떠먹는 요구르트와 마시는 요구르트를 기분 좋게 먹었다. 간만에 나도 행복했다. 요양원에 들어갈 때도 오늘은 아쉬워하는 표정이 없었다. 나는 영자를 주물러 주면서 두 차례의 코로나를 잘도 이겼고, 악성 피부병도 헤쳐 나왔으니 정말 고맙다고 몇 차례나 말해줬다. 영자는 그때마다 살짝 웃어줬다. 돌아오는 길의 내 마음도 가벼워졌다.

5월 21일 (일)

마고커피에서 과일도 먹고 손발톱 깎고 안마하면서 즐거운 시간을 보냈다. 좋은 계절에 함께 다사로운 시간을 가질 수 있다는 것은 행복이다. 내가 상당한 거리까지 휠체어를 밀 수 있다는 것도 다행이다. 슬픈 행복이다. 생로병사의 진실이 슬프게 느껴지는 것은 아직도 수양 부족 탓일까.

5월 25일 (목)

소정이와 함께 면회를 갔다. 마고커피에서 발 닦아 주고 마사지하며 행복한 시간을 보냈다. 발은 온통 얼룩 투성이었다. 독한 피부병이 지나간 흔적이다. 영자는 좋아라 했다. 만날 때마다 끝없이 발을 주물러 줘야겠다. 소변을 봤다고 해서 면회는 좀 일찍 끝났다. 영자는 예의 무덤덤한 표정으로 휠체어에 실려 올라갔다. 내 내면의 깊은 절망감을 누가 알기나 할까.

### 5월 27일 (토)

무척 그리웠는데, 영자도 반긴다. 마고커피에서 음식을 먹으면서 영자의 발과 종아리를 마사지해 줬다. 영자는 깨끗한 얼굴이었고, 잘 먹고 행복해했다. 정신도 맑았고 웃음도 자주 보였다. 요양원 실장에게 잘 보살펴줘서 고맙다고 몇 번이나 말해줬다. 돌아오는 길에 나는 무척 기분이 좋았다.

### 5월 31일 (수)

어제 파티마병원에서 영자 피부과와 내분비과 진료를 받았다. 나는 파티마병원에 두 차례나 가야 했다. 영자가 휠체어에 오래 앉아 있을 수 없기 때문에 오전 진료 후 요양원으로 데려다주어야 했다. 다행히 피검사 결과는 매우 좋았고 피부도 이제 한 달 정도면 치료를 마쳐도 되겠다고 의사가 말했다.

오늘은 어제 처방받은 약을 가지고 면회를 했다. 마고커피에서 먹고 주무르며 행복한 시간을 가졌다. 이런 행복도 얼마 가지 않을 거라는 생각에 이르면 서글퍼진다.

### 6월 2일 (금)

마고커피에서 영자와 음식을 먹고, 발을 주물러 주고, 사진을 찍고 하면서 행복한 시간을 보냈다. 우리가 가장 행복한 시간이다. 영자는 얼굴이 맑았고, 덤덤한 표정 속에 행복한 기분이 넘쳤다.

날씨가 더워지기 시작한다. 더우면 마고커피까지 휠체어를 밀고 가기가 힘들 테니 벌써부터 걱정이다. 영자는 모레 일요일에 또 만난다니까 좋아라 한다.

### 6월 4일 (일)

영자는 잘 웃고, 잘 먹고, 기분 좋은 표정이었다. 발 마사지를 무척 좋아하는 것 같다. 편안하게 발을 맡기고 흐뭇해한다. 이것이 행복이다. 내가 아프게 되면 휠체어도 밀어주지 못할 것 같다고 걱정을 하니, 영자는 금방 어두운 표정이 된다. 지금이 그래도 최고로 행복한 순간이다. 법륜이 말했던가. 오늘을 그냥 즐기라고. 내일은 어떻게 될지 모른다. 오늘 영자와 행복했다.

### 6월 7일 (수)

3일 만에 만난 영자는 표정이 밝았고 음식을 엄청 잘 먹었다. 그런 영자를 보는 나도 기분이 좋고 고마웠다. 영자는 사람들에게 인사도 잘하고 손을 흔들어 주기도 했다. 그러나 언제나 그렇듯 일말의 불안도 있다. 언제 건강이 악화할지 모른다는 불안이다. 그러나 산다는 게 그런 건데, 불안을 떨치고 고마워만 해야지.

### 6월 8일 (목)

모든 생명은 연민의 대상이다. 불쌍히 여겨야 한다. 어쩌다 인연이 닿은 사람, 특히 가까이 있는 사람은 더욱 연민의 대상이다. 그걸 잊어서는 안 된다. 불쌍히 여기면 관대해진다.

영자가 한없이 보고 싶다. 사랑한다고, 좋아한다고 쉼 없이 말해 주고 싶다. 너무 불쌍하다. 나는 이제서야 耳順의 말뜻을 깨닫는 것 같다.

### 6월 9일 (금)

오늘 영자는 행복해했다. 만나자마자 밖으로 나가자고 손짓을 한다. 휠체어를 밀고 가는데도 계속 마고커피로 빨리 가자고 독촉이다. 떠먹는 요구르트 한 개와 사과 작은 것 한 개, 바나나 한 개와 빵 한 개를 순식간에 먹어 치웠다. 당수치가 많이 높지 않아 다행이긴 하지만, 그래도 걱정이 되었다. 사진을 찍어 보여주니 좋아라 웃었고, 발 마사지를 해 주니 흐뭇해한다.

말하기 연습을 좀 했다. 감사하다, 시원하다 같은 쉬운 말은 잘 따라 한다. 그러나 고맙다, 가렵다 같은 말은 잘 안 된다. 만나는 날마다 몇 마디씩 집중적으로 연습해야겠다.

커피숍 종업원과 요양원 직원들에게 웃으며 손짓까지 하면서 인사도 잘한다. 장족의 발전이다. 이만큼 나아줘서 고맙다고 하니 살짝 웃어준다. 고맙다.

우리는 서로 손을 흔들며 헤어졌다.

### 6월 11일 (일)

현정이와 함께 영자를 면회했다. 마고커피에서 영자는 잘 먹고 기분 좋아라 했다. 발 마사지도 편안히 잘 받았다. 고맙습니다라는 말도 잘 따라했다. 그제는 안 되던 말이다. 현정이도 엄마가 무척 좋아졌다고 기뻐했다. 그래도 현정이는 울었다. 그걸 보는 나도 울었다. 요양원 원장에게 잘 보살펴 줘서 고맙다고 몇 번이나 인사했다. 날씨가 자꾸 더워져 가니 외출이 걱정이다.

6월 13일 (화)

영자는 보자마자 밖으로 나가잔다. 마고커피까지 가자니 좀 더웠다. 테라스에서 먹고 마사지하고 손톱 깎고 사진 찍고 말 연습하고. 커피점에 나들이왔던 아주머니들이 몰래 사진을 찍곤 한다. 보기에 좋다고 말을 건네기도 한다. 나는 금방 눈물이 나려 한다. 남의 사정도 모르고.

영자는 잘 먹고 행복해했다. 그런 모습이 그나마 나를 힐링시켜 준다. 금방 두 시간이 흘렀다. 날씨가 더 더워지면 어떡하지?

6월 16일 (금)

영자의 행복해하는 표정이 그렇게 반가울 수 없다. 마고커피까지 휠체어를 민다. 그리고 테라스 의자에 앉으면 영자는 가방을 빨리 끌르라고 손짓을 한다. 빵과 사과, 요플레를 얼마나 맛있게 먹는지. 그리고 발을 마사지해 주면 흐뭇해하는 표정으로 바뀐다. 사진 찍어 아이들에게도 보내 주고.

가게 종업원과 요양원 직원들에게 손잡아 주며 곧잘 인사하는 영자는 표정도 멋지다. 고맙다, 영자야. 고맙고말고.

6월 18일 (일)

오늘 영자는 우울했다. 집에 가고 싶다는 표정이었다. 소정이네와 함께 식당에 갔다가 소정이네는 먼저 떠나고, 둘이서 마고커피 테라스에서 놀았다. 뭐라고 자꾸 이야기를 하는데, 알아들을 수가 없다. 집에 가고 싶다는 말인 것 같다. 웃는 얼굴을 기대했었는데 실망이 덮쳐왔다. 사진을 찍어 보여주곤 하면서 위로했지만, 나도 끝내 우울해지고 말았다. 이틀 후에 또 만나자고 해도 손을 내저었다. 서운함의 표시인 것 같았다. 오늘 갑자기 또 왜 집이 그리워졌을까? 무슨 뾰족한 방법이 없나? 우선 화요일쯤 나드리 콜택시로 수성못으로 나들이를 하자.

6월 22일 (목)

나드리 타고 수성 유원지에 왔다. 파란 물과 짙은 나무 그늘에서 영자는 과일을 먹으며 행복해했다. 나는 맨발 산책로에서 휠체어를 밀며 영자와 이야기를 나눴다. 이런 게 행복이구나! 하는 감회에 젖기도 했다. 그러나 요양원에 돌아오자 영자는 갑자기 표정이 어두워지고 무슨 말인가를 자꾸 지껄이며 불안해했다. 집으로 가자는 시늉이었다. 억지로 올려보내고 지하철에 오른 나도 낮의 행복감은 사라지고 울적하기만 했다.

6월 23일 (금)

화자 처제가 면회를 온다기에 나도 함께했다. 영자는 조용한 표정으로 일관했다. 마고커피에서 먹고 발 마사지 하면서 두 시간을 보냈다. 처제는 먼저 가고 나는 영자를 데려다주고 헤어졌다. 영자는 시종일관 무표정했다.

### 6월 26일 (월)

비 오는 날에 영자를 데리고 수성못에서 외출을 즐겼다. 처음에는 안절부절못하는 것 같더니, 세 시간을 함께 있는 동안 편안한 모습으로 바뀌었다. 요양원에서 헤어질 때는 집에 가자는 시늉을 또 했다.

### 6월 27일 (화)

영자에게 전화해서 지금 뭐 하고 있느냐니까, 뭘 만들고 있다고 답한다. 그만큼이라도 말을 할 수 있으니 얼마나 고마운지. 배가 불편하고, 가슴도 답답하고, 기분이 꽝이었는데 영자와의 통화로 기분이 좋아졌다.

### 6월 28일 (수)

영자를 데리고 파티마 피부과에 다녀왔다. 피부의 병변은 거의 다 잡힌 것 같다. 내가 많이 아파서 오늘 오지 못할 뻔했다니까 영자는 금방 얼굴이 어두워진다. 이렇게 병원이며, 수성못이며, 마고커피에 들락거리는 행운도 언젠가는 어려워질 것 같다는 생각에 이르자, 저절로 눈물이 흐른다.

영자는 오늘도 요양원에 들어갈 때는 기분이 갑자기 흐려지며 무슨 말인가를 계속 중얼거렸다. 집에 가고 싶다는 말일 게다. 지하철로 돌아오는 길에 나는 또 울었다.

### 6월 30일 (금)

영자 신경외과를 경대병원에서 요양원 지정의원으로 옮겼다. 오늘 그 의원에 처음 다녀왔다. 의원에 다녀온 후 영자와 함께 요양원 면회실과 바깥에서 한 시간 넘게 놀았다.

헤어질 때는 또 놓아주지 않고 앙탈을 부렸다. 집에 함께 가자는 것이리라. 가슴 아프다. 내일 수성못에 가서 맛있는 것 먹으며 놀자고 달래봐도 소용이 없다. 헤어질 순간이 되면 갑자기 집에 가고 싶은 모양이다. 얼마나 집이 그리울까. 그럴 형편이 안 되니 눈물이 절로 난다.

### 7월 1일 (토)

영자를 데리고 수성못에서 세 시간 놀았다. 간만에 상쾌한 날이었다. 나드리는 참 편하고 고마운 서비스다. 휠체어를 탄 채로 나들이를 할 수 있으니 영자에게는 안성맞춤이다. 잘 놀다가 들어갈 때는 역시 안절부절못했다. 집에 가자는 시늉을 한다. 눈물을 찔끔이며 헤어졌다.

### 7월 3일 (월)

영자한테 전화했더니 힘이 쭉 빠진 목소리다. 심심하지 않을 프로그램이 있어야 하는데. 영자가 보고 싶다. 장시간 휠체어에 앉혀 놓는 것도 허리와 엉덩이에 부담이니 오래 함께 있는 것도 문제다. 누웠다 앉았다 하며 체위를 자꾸 바꿀 수 있는 휠체어는 없을까?

7월 5일 (수)

영자와 수성못에 소풍 나왔다. 비 온 뒤라 상쾌한 날씨에 영자도 기분 좋아라 했다. 나를 보고 수고한다고 말했다. 깜짝 놀랐다. 그러나 들어올 때 나드리 차가 너무 늦었다. 평일 오후 네 시 이후에는 항상 콜이 넘친단다. 그걸 몰랐네. 영자는 몹시 피곤해했다. 미안하고 안쓰러웠다. 여섯 시가 넘어 요양원에 도착했다. 나도 지쳤다.

7월 9일 (일)

영자를 데리고 수성못 수원본갈비 식당에서 갈비찜 점심을 먹었다. 영자는 무척 잘 먹었다. 얼마 만에 먹는 갈비찜인가. 그런 영자에게 밥을 떠먹여 주면서 행복감에 젖었다. 유원지 벤치에서 손톱을 깎아주고 치간칫솔로 이를 청소해 주었다. 잇몸 관리가 문제다. 식후에 치간칫솔질을 하는 방법을 강구해 봐야겠다.

요양원에서는 손을 잡고 헤어지기 싫다는 표정을 지었다. 엘리베이터를 타는 영자를 보면서 눈물이 났다.

7월 10일 (월)

걷지도 못하는 영자가 어떻게 잘 버텨줄까? 영자는 그런데도 잘 먹고, 잘 배설하고, 예쁜 용모도 유지하고 있으니 기적이다. 부디 아프지 말고 건강해 다오. 아파하면 내가 고통스럽다.

7월 12일 (수)

영자와 외식을 했다. 다행히 예보와 달리 비는 오지 않았으나 덥고 피곤했다. 영자도 갈비찜을 맛있게 먹었으나 나드리 택시를 기다리는 데 지쳐 몹시 피곤해했다. 열한 시에 출발해 세 시 반에야 요양원에 도착했으니 장장 네 시간 반을 앉아서 보낸 것이다. 언제 그렇게 시간이 빨리 가버렸을까. 더워서 외출도 점점 힘들어진다.

### 7월 16일 (일)

영자를 만나는 날이다. 나드리를 타고 가까운 마고커피로 갔다. 물난리 속에 다행히 웃비가 오지 않아 테라스 의자에 앉아 데이트를 한껏 즐겼다. 영자는 커피빵 한 개와 요플레 한 개, 쌀과자 두 개, 복숭아 한 개를 무척이나 맛있게 먹었다. 당분 섭취가 너무 많지 않나 하는 걱정이 들었다. 이어 발 마사지를 하며 발톱을 깎아주었다. 영자는 많이 웃으며 기분 좋아라 했다. 웃는 사진을 찍어 오 남매에게 보내 주었다.

이가 좀 이상해서 내일은 치과에 가자고 약속했다. 그런데도 막상 헤어질 때는 금방 표정이 어두워진다. 그래도 치과에 가려고 내일 또 만난다니까 쉽게 헤어져 주었다. 내가 바이바이 손을 흔들자 영자도 손을 흔들어 준다.

### 7월 17일 (월)

영자를 데리고 치과에 들렀다. 의사는 앞니의 검은 점을 건드리면 신경치료를 해야 하고, 그러면 고통이 따를 것이기에 건드리지 않는 것이 좋겠다고 말했다. 간단한 스케일링만 하고 나왔다.

요양원에 도착한 영자는 내 옷을 꽉 잡고 놓아주지 않는다. 할 수 없이 기저귀만 갈고 다시 나와, 가까운 마고커피로 갔다. 거기서 놀다가 나드리 콜택시를 불렀으나 시간이 한없이 지연된다. 영자는 엉덩이가 아프다는 시늉을 했다. 의자에 얼마 전 구입한 여름 방석까지 깔았으나 너무 오래 앉아 있었기 때문이다. 카페 종업원과 여자 손님의 도움을 받아 벤치에 영자를 눕혔다. 영자는 조금 눈을 붙일 수 있었다. 친절한 사람들이 있어 고마웠다.

빗속에 다시 요양원으로 돌아간 시간은 오후 여섯 시 삼십 분이 넘었다. 고단한 하루였지만 오래 함께 있어서 즐거운 시간이었다.

### 7월 20일 (목)

영자와 나드리를 타고 점심을 먹었다. 그렇게 식성 좋던 영자는 오늘 잘 먹지 못했다. 기분도 좋지 않았다. 다리와 발에 물집이 돋아나기도 했다. 자꾸 긁는다. 피부과에 가야 할까? 간호사에게 특별히 살펴봐 달라고 일러뒀다. 날씨도 더워 둘 다 축 늘어졌다. 여섯 시에 만나 세 시 반에 헤어졌다. 영자의 탈진한 모습이 내내 마음을 어둡게 한다.

### 7월 23일 (일)

영자를 데리고 마고커피에서 재미있는 시간을 보냈다. 영자는 복숭아와 자두, 빵을 맛있게 먹고 미소도 자주 보낸다. 그러나 요양원에 돌아와서는 내 옷을 움켜잡고 놓아주지 않았다. 좀 달랐던 점은 휠체어를 밀고 가는 중에도 손을 돌려 나의 손이나 옷을 움켜쥐곤 하는 것이었다. 간절함의 표현이다. 내일 피부과에서 약 지어 또 오마고 해도 막무가내였다. 집에 오면 되는데, 그게 난감한 일 아닌가. 내가 건강하다면 가능한 일일 수도 있을 텐데.

### 7월 24일 (월)

아침 일찍 파티마병원에서 피부약을 지었다. 의사는 면역력을 키우는 약이 간에 해로울 수 있다면서 망설이다가 1개월 치를 처방해 주었다. 오후에는 영자와 함께 마고커피에서 놀았다. 요양원 앞에서 영자는 자꾸 어디로 가자 하며 들어가기를 싫어했다. 또 나가자기에 안 된다고 했더니, 왜 안 되느냐고 물었다. 목소리도 겨우 나왔다. 집에 함께 가자는 시늉이다.

왜 집에 갈 수 없는지를 다음에는 설명해 줘야 할 것 같다. 생각만 해도 눈물이 절로 난다. 똥 기저귀는 내가 치운다 해도 침대에 눕히고 휠체어에 태우는 일을 어떻게 감당한단 말인가. 요양보호사가 몇 시간씩 도와준다 해도 감당이 불가능한 일이다. 결국 입주 간병인을 들여야 하는데 그게 간단한 일이 아니다. 운동과 산책도 시켜야 하는데. 우울한 표정의 영자를 보면 저절로 한숨이 난다.

### 7월 27일 (목)

영자와 수성못 돼지갈비 식당에서 맛있는 점심을 먹었다. 소정이와 함께였다. 영자는 울적한 표정으로 일관했고 식사 후 들어갈 때는 역시 가지 말라는 시늉을 했다. 나는 그렇게 헤어질 때마다 울곤 한다. 무슨 뾰족한 해결책이 없는, 한없는 측은함만 있을 뿐이니까. 일요일에 또 온다고 말해도 영자는 손에 쥐어준 요구르트 꾸러미를 팽개쳐 버리기까지 한다. 기쁨이여! 희망이여! 다들 어디에 꼭꼭 숨어 있는가.

### 8월 1일 (화)

밥 잘 먹고, 똥 잘 누고, 숨 잘 쉬고…. 그런 일들이 얼마나 고마운 것인지 모른다. 영자가 휠체어를 타고 외출하고 외식할 수 있으니 감사하다고 말해야겠지.

영자 방을 2인실로 옮긴다기에 맨발 걷기를 하던 수성못에서 택시를 타고 달려갔다. 영자는 울듯이 좋아했다. 그러나 방은 다인실에 비해 가성비가 별로인 것 같았다.

영자도 방을 옮겼는지 실감이 나지 않는 듯했다. 결국 다시 다인실로 옮겨 달라고 직원에게 부탁했다. 하루 1만 원씩 더 주는 만큼 좋은 점이 없어 보였기 때문이다.

영자를 데리고 저녁 여섯 시가 넘어 마고커피로 갔다. 거기에서 먹고 이야기하고, 영자가 좋아하는 김종환의 노래를 들으며 여덟 시까지 놀았다. 영자는 행복해했다.

### 8월 13일 (일)

영자는 오늘 매우 시무룩했다. 많이 먹지도 않았다. 재원이와 함께 셋이서 점심 외식을 했다. 나도 아프니 우야꼬 소리만 나온다. 산다는 건 쓰잘데없는 것이라는 생각이 절로 나온다. 오늘도 영자 이름을 스무 번도 더 부른 것 같다.

### 8월 16일 (화)

오후에 영자와 마고커피에서 두 시간을 보냈다. 영자는 가끔 웃음을 보이며 평안한 모습이었다. 그런 영자가 한없이 불쌍하다. 발과 다리, 어깨, 귀를 주물러 주고 발가락 사이를 알코올 티슈로 닦아 주면서 나는 슬픈 행복감에 젖었다.

요양원 간호사는 내가 너무 자주 전화를 하고 지나친 관심을 기울이는 데 대해 못마땅한 표정이다. 그러나 내가 관심을 보이지 않으면 누가 그걸 해 주나.

### 8월 19일 (토)

집착인가? 영자에 대한 연민을 잠시도 떨치기 어렵다. 오늘 명조네가 합석한 가운데 샤브샤브 식당에서 여섯 명이 함께 점심을 먹었다. 영자는 별로 맛있게 먹지 않았다. 그리고 몸과 마음이 별로 좋아 보이지도 않았다. 그런 영자가 너무 불쌍해서 마음이 아프다. 다시 2인실로라도 옮길까? 영자야… 하고 자꾸 부르며 나는 마음이 탄다.

### 8월 23일 (수)

영자를 데리고 파티마병원 피부과에 다녀왔다. 간절히 보고 싶었는데 영자는 무표정이다. 피부는 약 덕택에 많이 좋아졌다. 그러나 정신이 맑지 못한 것 같다. 요양원으로 돌아와서는 왜 집으로 안 가고 여기로 왔느냐는 표정으로 자꾸 밖으로 나가자고 손짓을 한다. 눈물이 절로 난다.

8월 27일 (일)

영자를 만났다. 나흘 만이다. 만나자마자 밖으로 나가잔다. 마고커피에서 갖고 간 음식을 펼쳤는데, 단맛을 뺀 음식이라 먹기 싫어한다. 혈당 수치를 낮추려면 이제 단 음식을 삼가야 한다고 설득해도 바나나 하나만 먹고 다른 것에는 절래절래 고개를 젓는다. 두 시간을 놀다가 요양원에 돌아가자 또 못 가게 옷을 움켜쥔다. 오늘 2인실로 다시 옮겨서 그 방을 보러 함께 올라갔다가 살짝 빠져나왔다. 마음이 아프다.

8월 29일 (화)

아침 열 시 요양원을 출발해 파티마병원에서 영자 혈액 검사를 했다. 검사 결과는 오후에 나온단다. 병원 식당에서 점심을 먹는데, 영자 입맛에 영 맞지 않는 듯했다. 나드리 콜택시로 요양원에 데려다주고, 다시 병원으로 돌아갔다. 오후 두 시쯤 의사를 만나서 약 처방 받아 다시 택시 타고 요양원으로 돌아왔다. 이렇게 번거로울 수밖에 없었던 것은 영자가 휠체어에 너무 오래 앉아 있을 수 없기 때문이다.

오후에 요양원에서 다시 영자를 데리고 나와, 마고커피에서 놀다가 오후 네 시 반쯤 데려다주고 돌아왔다.

영자는 간 수치나 당수치가 좋았다. 다행이다. 영자는 그렇게 종일 바깥에 있었지만 들어가기를 싫어했다. 모레 닭다리 요리해 오겠다고 달래어 겨우 헤어졌다.

### 8월 31일 (목)

오늘 영자는 표정이 비교적 밝았다. 정서적으로도 안정된 것 같았다. 오후 두 시에 만나, 마고커피에서 치킨과 과일, 빵을 먹고 발 마사지하고, 손톱 발톱도 깎았다. 코밑수염도 깎아줬다.

아픈 데가 없고 피부도 훨씬 좋아졌다. 일요일 날 갈비찜 먹으러 가기로 하고 헤어질 때는 손도 흔들어 준다. 아무 할 일 없이 요양원에 갇혀 있는 나날이 얼마나 답답할까 하는 생각만 해도 진저리가 쳐진다.

### 9월 3일 (일)

오후 다섯 시, 지하철 타고 돌아간다. 오늘 열한 시에 영자를 만나 수성유원지에서 돼지갈비 점심 먹고 함께 있다가 여섯 시간 만에 헤어졌다. 영자가 기거하는 2인실에 올라가 마사지해 주면서 많이 울었다. 아무것도 할 줄 모르는 사람인데, 먹고 잠자는 시간 외에 그 지루함을 무엇으로 달랠까. 너무 측은해 눈물 콧물이 저절로 흘러내렸다. 그나마 아픈 데가 없다는 것이 위로가 된다.

### 9월 5일 (화)

무표정하던 영자가 마고커피에서는 잘 먹고 잘 웃고 한다. 두 시간을 즐겁게 보냈다. 헤어질 때 며칠 후 도시락을 갖고 와서 마고커피에서 소풍 가듯 같이 먹자니까 좋아라 한다. 손도 흔들어 준다. 슬픈 행복감을 느꼈다.

영자에게 말했다. 계속 누워서 지내는 사람도 많은데, 우리는 훨체어 타고 이렇게 외출도 할 수 있으니 행복하게 생각해야 한다고. 영자도 고개를 끄덕이며 수긍한다. 우리는 빨리 죽지 말고 이렇게라도 함께 오래 살자고 내가 말하니, 영자는 고개를 끄덕이며 호응한다. 고마운 하루였다.

### 9월 9일 (토)

영자와 마고커피에서 두어 시간 먹고 놀고 했다. 표정은 없어도 기분 좋아하던 영자는 헤어질 때 같이 자기 방으로 올라가잔다. 그게 이제는 불가하다. 보호자의 병실 출입이 중단되었기 때문이다. 그래서 안 된다고 했더니 실망스럽다는 얼굴이다. 영자가 보호자의 병실 출입이 제한된 사실을 알 리 없다. 다음에 이를 이야기해줘야겠다. 다음 주 화요일에 오마고 하고 헤어졌다. 슬프고 피곤하다. 끝없는 수렁 속을 헤매는 것 같다. 그래도 이 상태가 오래 지탱하기를 빈다. 지금으로서는 내가 살아갈 이유의 전부가 영자이기 때문이다.

### 9월 11일 (월)

이틀 만에 보는 영자는 무표정하고 시무룩한 표정이다. 그러나 두어 시간 마고커피 테라스에서 손톱 발톱 깎고 하면서 표정이 밝게 바뀐다. 사진을 찍자니 웃는 표정을 짓는다. 얼굴이 한결 환해진다. 나도 기뻤다. 내가 영자에게 와서 얻는 슬픈 행복은 바로 영자의 밝은 표정을 보는 것이다. 오늘 고마웠다.

9월 12일 (화)

　무표정하던 영자의 얼굴에 생기가 돈다. 유튜브에 맞춰 김종환의 〈사랑을 위하여〉를 함께 부르기까지 했다. 영자는 목이 잦아들고 발음이 안 된다. 크게 기침을 해보라고 해도 목소리가 잘 나오지 않는다.

　언제나처럼 들어갈 때는 또 표정이 굳어진다. 나는 또 마음이 아파온다. 이틀 만의 외출은 그렇게 끝났다. 언제나 허탈한 아쉬움만 남기고. 예약을 하고, 장을 보고, 음식을 챙기고 택시 또는 지하철을 갈아타기도 하면서, 소풍 가듯 기쁜 마음으로 달려가지만 헤어질 때는 언제나 슬프다.

9월 17일 (일)

　며칠 만에 만난 영자는 완전히 무표정하고 우울해 보였다. 나드리 타고 들안길 고기 식당에서 점심을 먹고, 다시 나드리 불러 마고 커피에서 마사지해 주면서 놀았다. 그제서야 표정이 살아나고 기분도 좀 돌아온다. 수요일에 파티마 피부과에 갈 때 온다고 하고 겨우 헤어졌다.

9월 20일 (수)

　빗속에 영자를 데리고 피부과에 다녀왔다. 피부는 많이 좋아졌지만, 아직 약을 더 써야 한단다. 영자는 무표정하고 드라이했다. 그러나 네 시간을 함께 있으면서 만져주고 이야기해 주고 귀지도 파주고 하자 한결 부드러워지고 표정이 살아났다. 모레 서울 손자들이 온다고 하니까 보고 싶다고 했다. 들어갈 때는 손도 흔들어준다. 이렇게라도 자주 만날 수 있으니 얼마나 고마운 일인가. 코로나 때는 아예 면회가 안 되었었다.

### 9월 22일 (금)

철희네와 함께 마고커피에서 만났다. 고맙게도 울산에서 명조도 가세해서 제법 북적였다. 영자는 어느 때보다 밝은 표정이었고, 손자들을 보며 웃곤 했다. 세 시간을 놀다가 미련 없이 들어갔다. 영자는 좀 말라 보였다. 피부약을 먹으니까 소화에 지장이 있는 것 아닌가 하는 걱정이 생긴다. 어디라도 아프거든 직원에게 말하라고 당부했다.

### 9월 24일 (일)

어제 전화를 했더니, 영자는 비몽사몽간이다. 아침 먹고 나서 잠을 자는 모양이다. 저녁 일곱 시쯤에 벌써 또 그렇게 잠에 취한 듯 몽롱한 목소리였다. 마음이 아파온다. 약에 취해서 그런가 보다. 누가 이 사정을 알기나 하겠는가.

### 9월 26일 (화)

도시락을 들고 요양원에 갔더니, 의외로 내가 코로나에 걸렸다는 판정이 나왔다. 영자도 보지 못한 채 병원으로 달려가 링거를 맞고 약을 처방받았다. 영자에게는 전화로 이 사실을 알렸다. 영자가 보고 싶은데 방법이 없네.

### 9월 29일 (금)

저녁녘에 요양원에서 전화가 왔다. 영자가 자꾸 침대에서 벗어나려다 팔을 좀 다쳤다는 것이다. 게다가 똥을 만지고 벽에 바르기까지 했단다. 얼마나 답답해서 그랬을까. 눈물 콧물이 주르르 한다.

하루 종일 수십 차례 영자 이름을 불렀다. 당장 데리고 나와야 하는데, 늙고 병든 내가 처리해 낼 방법이 없다. 코로나가 아직 덜 나았으니 내일 달려갈 수도 없다.

### 10월 1일 (일)

자가 검사하니 나의 코로나는 아직도 양성이다. 이러면 면회가 안 된다. 영자에게 전화에서 곧 수성못에 갈비 먹으러 가자니 좋아라 한다. 내가 빨리 나아야 하는데. 영자 이름을 오늘도 수없이 부른다. 부를 때마다 눈물이 핑 돌곤 한다. 우선 빨리 외식을 시켜주고 싶은데 뾰족한 방법이 없구나.

### 10월 4일 (수)

발병 11일 만에 내가 코로나 음성 판정을 받았다. 오후 한 시에 영자를 만났다. 영자는 걱정했던 것과는 달리 깨끗하고 예뻤다. 마고 커피에서 3시까지 간만의 만남을 즐겼다. 영자는 아픈 데가 별로 없었고, 가려움증도 좋아 보였다. 나도 기분이 약간은 홀가분해졌다.

### 10월 7일 (토)

영자와 외식을 했다. 돼지갈비를 엄청 맛있게 잘 먹는다. 현정이가 함께해서 훨씬 좋았다. 영자는 잘 놀다가 들어갈 때는 역시 우울한 표정을 감추지 못했다.

10월 10일 (화)

사흘을 누워서 지냈다. 코로나 후유증으로 몸살을 앓았다. 오늘 조금 괜찮다 싶어 영자를 데리고 외출했다. 영자는 좀 우울하고 원망하는 표정이었지만, 차츰 기분이 좋아졌다. 마고커피에서 두 시간 반 놀다가, 다음에 갈비 먹으러 가자며 헤어졌다. 헤어질 땐 언제나 둘 다 기분이 좋지 않다.

10월 13일 (금)

영자를 데리고 급하게 파티마 피부과에 다녀왔다. 오른쪽 발에 물집이 심하고 상처가 나 있었다. 의사는 항생제와 스테로이드를 처방해 주면서 5일 후에 경과를 보자고 했다. 영자가 그 많은 약을 어떻게 먹어낼지 걱정이다.

산다는 일은 허망한 것이란 생각을 요양원에 올 때마다 실감한다. 그 딱한 주간 보호 노인들을 보노라면 왜 인간이 생로병사 하면서 살아가고 있는지가 의아스럽지 않을 수 없다.

10월 15일 (일)

영자와 두 시간 동안 마고커피에서 놀았다. 영자는 그런대로 괜찮아 보였다. 가져간 과일을 너무 맛있게 먹는다.

당수치가 올라갈까 봐 겁난다. 계절이 쌀쌀해져 내가 가져간 조끼와 목도리가 잘 어울렸다. 안 입는 여름옷을 두 보따리나 들고 돌아왔다.

### 10월 18일 (수)

영자와 피부과에 다녀왔다. 발의 물집이 좀 나아졌다. 1주일 후에 또 진료를 받기로 했다. 병원에 다녀온 영자는 좀 상기되고 불안해 보였다. 역시 병실에 들어가는 것 자체를 몹시 싫어한다. 나도 심신이 고달프다. 그러나 영자를 향한 마음은 조금도 식지 않는다. 집에 데리고 오고 싶다. 똥 닦아주면서 같이 살고 싶다.

### 10월 21일 (토)

영자와 마고커피에서 두어 시간 놀았다. 날씨가 쌀쌀해져 영자는 춥다고 했다.

오늘은 휠체어를 밀고 가는데, 이웃 할아버지가 커다란 대봉감 하나를 건네준다. 항상 보는 터라 마음이 안 됐던가 보다.

영자는 표현을 잘 못할 뿐 생각은 멀쩡하다. 밥 챙겨주고 기저귀 갈아주는 보호사들에게 고마운 마음도 가졌다. 요양원 부근의 작은 가게 앞을 지날 때 '4층 선생님들에게 과자라도 좀 사줄까?' 하고 물었더니 당장 '응' 하고 찬성한다. 휠체어 옆에 과자 상자를 끼고 올라가는 영자의 모습이 약간은 보기 좋았다.

### 10월 25일 (수)

영자를 데리고 파티마 피부과에 다녀왔다. 발의 상처는 아무는 기색이다. 영자가 독한 약 먹어가며 잘 버텨주니 고맙다. 영자 얼굴을 가만히 지켜보면 저절로 눈물이 난다. 아직은 내가 병원에도 데려가고 휠체어도 밀 수 있으니 감사해야지.

### 10월 28일 (토)

영자와 오후 두 시간 넘게 놀았다. 카페에서 영자는 요플레 하나와 샤인머스캣, 키위, 그리고 약간의 빵을 맛있게 잘도 먹었다. 그러고는 햇볕 따뜻한 주변을 돌고 돌았다. 들어가지 말고 자꾸 어디론가 가자고 손짓을 한다. 나는 내의가 흠뻑 땀에 젖었다. 늙은 인생길 너무 고달프다.

### 10월 31일 (화)

영자와 수성못 돼지갈비 식당에서 점심을 먹었다. 소정이도 함께 했다. 영자는 시종일관 우울한 표정으로 식사도 하려 들지 않았다. 샤인머스캣과 키위만으로 점심을 때웠다. 내가 요양원에 들어가 함께 살아볼까 하는 생각을 해보았다.

### 11월 4일 (토)

오후 영자와 마고커피로 외출했다. 영자는 과일을 너무 잘 먹었다. 그러나 무표정은 변하지 않았다. 그제 유니클로에서 산 점퍼가 너무 잘 어울렸다. 사이즈도 꼭 맞았다. 영자도 매우 만족스러운 표정이었다. 아이들에게 점퍼 입은 엄마 사진을 보내주었다.

11월 8일 (수)

영자를 데리고 피부과에 다녀왔다. 발 상처는 현저히 좋아졌으나 스테로이드 부작용으로 당수치가 많이 올랐다. 스테로이드 성분을 뺀 약을 지어왔다.

영자는 요즘 침울하고 답답해한다. 병원 갔다가 돌아와 요양원 주변을 산책하다가 길 가는 남자의 손을 잡고 악수를 청한다. 사람이 그리운 거다. 언제나 그렇듯 오늘도 들어가는 뒷모습에 가슴이 멘다.

11월 12일 (일)

영자와 세 시간을 함께했다. 무표정한 영자는 과일을 맛있게 잘도 먹었다. 다행히 스테로이드를 끊고 나서 당수치가 정상이라는 간호사의 문자가 있었다. 추운 날씨에 마고커피에서 두 시간 있다가 밖에서 또 한 시간을 휠체어 산책을 했다.

영자는 들어가기 싫다면서 계속 돌아다니자고 손짓으로 말한다. 돌아다니며 어깨와 귀를 마사지해 주다가 나는 몇 번이고 소리 죽여 울었다. 영자는 손발이 차다. 혈액순환이 잘 되지 않기 때문인 것 같다. 겨울 신발과 장갑을 챙겨야겠다. 들어갈 때 손을 잡고 놓아주지 않는다.

11월 13일 (월)

당신 사랑한다고 전화로 말했더니 영자가 겨우겨우 목소리를 내어 하는 말이 나도 사랑해란다. 왈칵 눈물이 난다.

혼자 산책 나갔다가 딸기 파는 가게를 만났다. 이 계절에 딸기라니! 스무 알 정도가 될 것 같은데, 2만 7천 원이란다. 무지 비싸다. 그래도 영자가 맛있게 먹을 것 같아 망설임 없이 샀다. 모레 면회 때 가져가야지.

### 11월 15일 (화)

영자와 두 시간 반을 함께 있었다. 영자는 딸기를 정말 맛있게 먹었다. 한 알에 천 원도 훨씬 넘는 비싼 거라고 설명해도 표정에는 변화가 없다. 마침 날씨가 풀려 햇볕을 맞으며 오래 산책했다.

### 11월 18일 (토)

영자는 아무것도 먹지 못했다. 울산에서 올라온 명조도 안타까워했다. 속이 메스껍다고 했다. 명조와 나의 결론은 장기적인 피부약 복용의 부작용이 아닌가 하는 것이었다. 활명수를 사다 먹였다. 간호사에게도 특별히 살펴달라고 전화했다. 명조가 약 사느라 쫓아다니느라 고생했다.

### 11월 19일 (일)

감사하지 않고는 방법이 없다. 속절없는 인생 아닌가. 그렇다. 역발상이다. 역발상의 사고방식이 삶의 지혜다. 다리가 하나 부러져도 두 개가 부러지지 않았으니 다행이라는 역발상 말이다. 그래야 웃을 수 있다. 그만해서 다행이라는 생각이 생활의 모토가 되어야 한다. 영자가 휠체어를 탈 수 있으니 다행이고, 나도 아직 휠체어를 밀어줄 수 있으니 다행이다.

11월 22일 (수)

두어 시간 먹고 놀면서 손발톱 깎아주고 산책을 즐겼다. 영자는 요양보호사에게 줄 초코파이 상자를 들고 꽤 기분 좋게 올라갔다. 고맙다. 누구에게 무언가를 해 주고 싶어 하는 영자의 마음을 격려해 줘야 한다. 이제부터는 항상 가방에 작은 먹을거리를 준비해서 영자가 직원들에게 감사한 마음을 전하도록 해야겠다.

11월 25일 (토)

영자는 시종일관 무표정했다. 간단한 말도 못 한다. 다리를 주물러 주니 시원하다는 표정이다. 그래서 시원하다고 말해보라고 했더니, 입만 오물거릴 뿐 도무지 말이 나오지 않는다. 모깃소리처럼 작은 소리를 겨우 내뱉기는 하는데 말이 무슨 말인지 모르겠다. 내가 암에 걸린 것 같다고 말해도 표정이 없다. 아마도 그게 무슨 의미인지를 모르는 것 같다. 그래도 키위 하나와 바나나 하나를 맛있게 먹는다.

11월 28일 (화)

영자를 데리고 아침 일찍 파티마병원 피부과에 다녀왔다. 내분비과 진료도 오후에 잡혀 있었으나 영자가 휠체어에서 못 견뎌 하는 바람에 일찍 들어왔다. 내분비 진료는 요양원 자문 내과병원에서 해야겠다.

12월 7일 (목)

5일 만에 만난 영자는 피부가 많이 나아지고 과일도 잘 먹는다. 마고커피에서 두어 시간 놀다가 햇볕 많이 쬐고 들어갔다. 예의 초코파이 상자를 들고 들어가면서 손도 흔들어 주지 않는다. 버려두고 혼자 돌아가는 것이 밉다는 생각이리라. 눈물이 난다.

12월 14일 (목)

영자에게 두 차례 전화했다. 저녁 일곱 시 통화에서 영자는 깜짝 놀랄 정도로 명랑하게 말했다. 오늘은 아무 운동도 안 했다고. 사랑한다니까 영자도 사랑한다고 답한다. 너무 좋아서 크게 웃었다. 영자도 따라 웃는다. 오늘은 행복한 대화의 날이었다. 감사 감사~.

12월 15일 (금)

오늘은 두 차례 전화를 하면서 서로 그리워하고 있다는 것을 확인했다. 내가 사랑해라고 말하면 영자도 어설픈 발음으로 나도 사랑해라고 말한다. 장족의 발전이다. 슬픈 행복이긴 하지만 감사한 일이다.

12월 16일 (토)

기온이 갑자기 크게 떨어졌다. 찬 바람을 견디며 마고커피에 다녀왔다. 바나나 두 개와 키위 하나, 그리고 제주 왕귤을 너무 맛있게 잘 먹는다. 혈당이 약간 걱정되었지만 며칠 만에 먹는 거니까 괜찮겠지.

두어 시간 후에 순순히 잘 들어갔다. 바깥이 너무 추우니 더는 돌아다닐 수 없다는 것을 아는 것 같았다. 오늘도 요양보호사들 주려고 초코파이 한 통을 들고 들어갔다. 남에게 줄 수 있다는 것을 무척 좋아하는 것 같다. 그 모습이 보기 좋다.

## 12월 19일 (화)

영자를 데리고 피부과에 갔다 왔다. 영자는 무표정에다 우울해 보였다. 내의와 김, 음료, 과일이 든 한 짐을 가져갔는데도 반가워하지도 않는다. 병원 식당에서는 음식도 제대로 먹지 못했다. 그렇게 잘 먹던 오뎅도 싫다고 했다. 피부약을 계속 먹으니 속이 편치 못한 것 같다.

## 12월 27일 (수)

영자와 세 시간 동안 산책하며 마고커피에서 놀았다. 영자는 과일도 별로 잘 먹지 않았다. 헤어질 때는 내 가방을 움켜쥐고 놓아주지 않는다. 눈물겨운 이별이다.
우리는 그런 이별을 며칠마다 한 차례씩 반복한다. 영자는 그래도 들어갈 때마다 사들고 가는 초코파이 한 상자를 꼭 움켜쥐고 갔다. 요양보호사들에게 그걸 선물하는 걸 기뻐하는 것 같다.

## 12월 31일 (일)

영자 외출에 밀리서 온 명조네 네 식구가 함께했다. 영자는 잘 먹지 못했다. 안타까워서 나는 눈시울을 적셨다. 영자는 그래도 들어가면서 명조에게 손을 흔들어 주었다. 해가 바뀌는데도 영자를 위해 더 이상 할 수 있는 일이 없으니 우울해진다.

# 2024년

1월 3일 (수)

오늘도 영자는 나를 놓아주지 않으려 했다. 헤어질 때는 언제나 슬프다. 올라가면서 따라오라고 영자는 손짓을 하고, 나는 바이바이 손짓을 했다. 눈물겨운 장면이다. 대책이 없으니 슬프다. 그러나 오늘 하루 최선을 다해 쓰다듬고 먹여주면서 사랑했다.

1월 6일 (토)

영자는 피부가 많이 좋아졌다. 발의 붕대도 벗었다. 얼마나 다행인가. 또 나빠지지 않기를 간절히 빈다. 우리는 실컷 산책을 즐겼다. 그러나 헤어질 때는 또 들어가지 않겠다고 몸부림쳤다. 나는 또 울었다. 신이 있다면 그는 잔인한 존재라 할 수밖에 없다.

1월 9일 (화)

영자를 데리고 피부과에 다녀왔다. 좀 나아지긴 했지만 여전히 약을 먹고 발라야 한단다. 너무 오래 피부약을 먹어왔다. 점심도 제대로 먹지 않았다. 약 때문에 입맛이 없는 것 같아 눈물이 난다. 그래도 딸기는 여덟 개를 잘 받아먹는다. 기특해서 얼굴을 몇 번이나 쓰다듬어 주었다.

요양원에 돌아와서는 도무지 들어갈 생각을 않는다. 바깥에서 두 시간 넘게 돌아다녔다. 휠체어 밀기에 지쳐 나는 기진맥진했다. 저녁에 전화했더니 저녁 식사도 많이 먹지 않았다고 했다. 온갖 약이 심각한 문제를 일으키는 것 같다.

1월 13일 (토)

영자는 지쳐 보였다. 피부약을 너무 오래 먹어 속이 불편한 것 같아 간호사에게 이틀간 피부약 투약을 중단시켜 달라고 요청했다. 영자는 그 잘 먹던 바나나와 키위도 먹으려 하지 않았다. 겨우 딸기 다섯 알만 먹었다. 마음이 아프다.

명조네가 명지 상가에 왔다가 마고커피까지 와서 함께 놀았다. 명조를 보고 영자는 약간 웃음기를 띠웠을 뿐 시종일관 무표정하고 핏기가 없다. 들어갈 때도, 헤어지지 않으려던 다른 날과는 달리 그냥 덤덤했다.

1월 16일 (화)

독한 피부약을 잠깐 끊은 덕인지 영자는 과일을 너무 맛있게 잘 먹었다. 고맙다. 집으로 데려올 수만 있다면 좋으련만 눈물만 글썽이는 내 형편이 원망스럽다.

1월 18일 (목)

빗속에 나드리 차 타고 마고커피에 가서 과일을 먹었다. 영자는 딸기와 키위, 바나나와 귤을 잘도 먹었다. 두어 시간 후에 명지가 왔다. 명지는 엄마가 쓰러진 후의 첫 만남이다. 이 년도 넘는 세월이다. 이 서방의 지병 치료로 힘겨운 세월을 보낸 탓이다. 명지는 엄마를 안고 잠깐 울었다. 나도 울었다.

1월 20일 (토)

비가 내린다. 다행히 영자 외출을 방해할 만큼의 비는 아니었다. 우리는 나드리 차를 타고 마고커피에서 두 시간을 놀았다. 영자는 딸기와 바나나, 키위와 큰 귤을 잘도 먹었다. 나도 고맙다 소리를 연발하면서 신나게 먹여줬다. 영자는 오늘은 들어갈 때도 앙탈을 부리지 않았다. 영자야 고맙다.

1월 24일 (수)

추운 날씨였지만 영자와 나는 산책을 즐겼다. 영자를 꽁꽁 옷으로 둘러 싸매고 휠체어 산책을 했다. 마고커피에서 과일을 먹은 후 긴 산책 끝에 요양원에 이르렀는데, 예의 완고함이 또 도졌다. 떨어지지 않으려고 바둥댄다. 눈물겨운 발버둥이다. 얼마나 집이 그리울까.

1월 30일 (화)

영자와 피부과에 다녀왔다. 현정이가 함께했다. 피부는 많이 좋아졌으나 아직도 좀 가벼운 약을 먹어야 한단다. 영자는 무엇을 잘 먹질 못했다. 약을 많이 먹기 때문인 듯하다. 내일은 위장약을 좀 먹도록 간호사에게 부탁해 봐야겠다.

오늘은 아침 열 시에 출발해서 병원에 갔다가 요양원으로 돌아와서 기저귀 갈고, 또 나와서 휠체어 산책을 했다. 다섯 시간 넘게 휠체어에 앉아 있었다. 중간에 기저귀 가는 시간이 있긴 했지만 무리했던 것 같다. 저녁 시간에 영자에게 전화했더니 대답이 모깃소리 같다. 눈물이 금세 핑 돈다. 영자가 없으면 나는 살아갈 이유를 상실할 것 같다.

### 2월 2일 (금)

철희네와 함께 영자 면회를 했다. 영자는 며느리와 아이들을 보고 드디어 웃었다. 우리는 마고커피에서 딸기와 샤인머스캣을 먹었다. 영자는 실컷 먹었다. 잘 먹어도, 못 먹어도 눈물이 난다.

### 2월 4(일)

오후에 발에 감는 붕대와 딸기, 샤인머스캣을 가지고 요양원에 갔다. 버스로 왕래했다. 영자는 만나지 못했다. 일요일에는 면회가 안 된다. 직원들이 쉬어야 하기 때문이다.

아무 프로그램도 없을 텐데 영자는 얼마나 답답할까. 오후 늦게 전화했더니, 직원이 과일을 너무 잘 먹더라고 했다. 이제 버스 타고 시간 날 때마다 과일을 넣어줘야겠다. 내가 버스로 다닐 수 있으니 얼마나 다행인가. 한의원 치료와 스쿼트 운동이 보행을 수월하게 한 것 같다.

### 2월 9일 (금)

영자는 오늘도 과일을 너무 잘 먹는다. 마고커피에서 영자가 연달아 먹은 과일이 딸기, 샤인머스캣 등 네 가지였다. 당뇨에 해로울 것 같아 인터넷을 뒤져봤더니 지나치게 많은 양이다. 과일을 주먹 크기만큼만 먹어야 한단다. 과일을 줄여야겠다. 영자가 얼마나 섭

섭해할까, 걱정이다. 내일 설날은 면회가 안 된다니 레드향 하나만 넣어줘야겠다.

### 2월 11일 (일)

영자를 데리고 파티마 응급실로 갔다. 온갖 검사 끝에 요로감염이라는 결과가 나왔다. 비용도 40만 원이나 들었다. 관장까지 시원하게 한 영자는 기분이 상쾌해 보였다. 나도 덩달아 네 시간의 긴 진료 시간에도 기분이 좋아졌다. 소정이가 크게 수고했다. 나 혼자였다면 관장하는 데 힘들었을 것이다.

오늘은 이렇게 지나갔지만 언제 어떤 날벼락이 떨어질지 모른다. 내가 휠체어를 밀고 다닐 수 없는 날이 언젠가 올지도 모른다. 하지만 내일 일은 내일 하자. 오늘 고생으로 족하다.

### 2월 13일 (화)

영자와 감염내과에 다녀왔다. 현정이가 동행해 줘서 고마웠다. 요로감염인 것 같지만, 삼 일 후에 다시 체크해 봐야겠다는 의사의 설명이었다. 오늘 영자는 그럭저럭 기분이 괜찮아 보였다. 병원 갔다 와서 요양원에 돌아와 기저귀 갈고, 다시 나와 한 시간 산책했다.

### 2월 16일 (금)

영자는 내분비과 거쳐 산부인과 진료를 했다. 다행히 큰 병은 아닌 것 같다. 항상 기저귀를 차는 탓에 질염이 생긴 것 같다. 기저귀를 안 찰 수는 없으니 감수할 수밖에. 요양원으로 돌아와서 기저귀 갈고, 또 한바퀴 산책을 해야 했다. 다섯 시간이 훌쩍 지났다. 나도 기진맥진이다. 영자는 들어가기를 싫어한다. 그래도 떠밀려 올라갔다. 얼마나 답답하면 들어가기를 그렇게 싫어할까. 생각만 해도 가슴이 답답하다. 모레 명조가 온다니 함께 만나자고 위로해 줬다.

### 2월 18일 (일)

명조네가 온다고 해서 영자 특별외출을 신청했다. 영자는 과일을 잘 먹었으나 전반적으로 어두운 인상이었다. 두어 시간 마고커피에서 놀다가 들어갈 때도 다소 멍한 표정이었다. 우울증이 다시 찾아오는 건가.

무표정하게 올라가는 영자를 지켜보는 나의 눈은 금방 붉어진다.

### 2월 19일 (월)

영자에게 레드향 두 그릇을 갖다주었다. 맛있게 먹을 모습을 떠올려본다. 보고 싶지만 오늘은 면회 신청이 안 되어 있었다.

### 2월 21일 (수)

비가 내린다. 택시 타고 영자에게 레드향과 저당두유를 갖다줬다. 하는 일 없이 긴 시간을 보내느라 답답하고 무료해할 영자의 모습이 선하다.

### 2월 22일 (목)

만날 때는 한없이 반갑고 헤어질 때는 슬프다. 오늘도 영자와 두어 시간 레드향과 키위를 먹으며 마고커피에서 놀았다. 우중충한 날씨였지만 우리는 휠체어 산책도 했다.

영자는 말귀를 알아듣지만, 이제는 말을 거의 못 한다. 똥을 쌌을 때도 똥 쌌다는 말이 안 나온다. 불쌍하다. 금방 눈물이 핑 돈다. 영자야, 내일은 면회가 안 되니 과일 갖다 놓고 갈게. 화요일 파티마병원 갈 때 만나자.

2월 26일 (월)
시지 노인전문병원에 다녀왔다. 영자 기저귀를 좀 더 자주 갈아 줄 수 있는 곳인지를 알아보기 위해서였다. 소정이가 함께 갔다. 그러나 비용이 월 70만 원쯤 더 들고, 면회도 시간제한이 엄격해 마음에 들지 않았다.

2월 27일 (화)
영자를 데리고 파티마병원 피부과에 다녀왔다. 피부약을 계속 먹고, 연고도 계속 바르란다. 영자에게 똥을 만지지 말도록 당부하고 요양원 사람들에게는 우주복을 좀 덜 입히도록 부탁했다. 병원에서 요양원으로 돌아와 기저귀를 갈고, 다시 산책을 나와 모두 다섯 시간을 함께했다. 날씨가 차가웠다. 영자가 얼마나 힘들었을까. 나도 녹초가 됐다.

2월 29일 (목)
서울에서 온 명지네를 보고 영자는 간만에 잠깐 만면에 웃음을 담았다. 그게 보기 좋았다. 비가 조금 내렸지만 만반의 준비로 영자는 한 방울도 안 맞았다.

### 3월 2일 (토)

소정이와 함께 영자 면회를 했다. 마고커피까지 먼 길을 돌아서 간만의 햇볕을 즐기며 산책을 했다. 영자는 오늘따라 갖고 간 과일을 거의 먹지 않았다. 그렇게 잘 먹던 레드향에도 시큰둥했다. 왜일까?

오는 6일에 동인동 찜갈비집에서 점심을 먹자니까 영자는 좋아라 하는 표정이었다. 두어 시간 내내 안마를 해 주었다. 매일 이렇게 안마를 해 주고 싶다.

### 3월 4일 (월)

어제 전화가 겨우 닿았는데 중간에 자꾸 끊어버린다. 귀에 대고 말을 하는 기본동작이 잘 안 되는 탓이리라.

오후에 버스 타고 오렌지 두 개를 1회 용기에 담아 갖다주었다. 하나는 내일 먹도록 해달라고 직원에게 부탁했는데, 그렇게 잘해줄지 모르겠다. 보고 싶었지만 면회신청이 안 되어 있기 때문에 불가능했다.

### 3월 5일 (화)

영자는 남의 도움으로 겨우 전화를 받는다. 내일 갈비찜 먹으러 간다니까 좋아라 하는 반응이다.

다들 속아서 사는 게 삶인데, 나는 이제 잘 속을 수준도 넘어섰으니 산다는 일에 재미가 없다. 그래도 어쩌다 사람들과 점심을 먹을 수 있고, 스마트폰으로 온갖 놀이를 할 수 있으니 다행이다. 그마저 못 할 세월이 언젠가는 올 거라고 생각하면 무섭다.

3월 6일 (수)
동인동 갈비찜집에 데리고 갔더니 쩔레쩔레 고개를 흔들며 아예 먹을 생각도 안 한다. 아침부터 서둘렀는데 김이 쫙 빠진다. 먹는 약이 많아서일까? 걱정이다. 그래도 요플레니 두유니 액체는 좀 마셨다. 식당에서 요양원으로 돌아와 또 마고커피까지 산책을 했다. 만난 지 네 시간 만에 들어갔는데 너무 무리하게 휠체어에 앉아 있었던 건 아닌지 모르겠다. 직원이 밀어주는 대로 엘리베이터에 오르는 영자를 보고 있자니 절로 눈물이 난다.

3월 9일 (토)
쌀쌀했지만 모처럼 햇볕이 좋았다. 휠체어 산책 후 마고커피에서 영자는 과일을 잘 먹었고 얼굴도 비교적 좋았다. 부디 아프지 말거라. 현정이가 함께했다. 두어 시간 후 영자는 별다른 저항 없이 들어갔다. 아마도 기저귀가 젖은 모양이다. 영자가 이렇게라도 살아 있으니 내가 버티는 것 같다.

3월 16일 (토)
팔이 아픈 것 같다는 연락을 받고 열 시에 요양원에 도착했다. 나드리 타고 정형외과에 갔다. 엑스레이 사진을 찍었으나 별다른 이상이 없었다. 요양원으로 돌아와 기저귀 갈고 다시 나와 오후 네 시가 다 될 때까지 산책을 했다. 들어가지 않겠다는 영자를 억지로 올려보냈다.

아프다는 오른쪽 팔에 가려움증이 심했던 모양이다. 간호사에게 약을 발라주라고 일러줬다.

3월 19일 (화)

영자와 파티마 피부과 진료를 했다. 다행히 피부는 많이 좋아졌다. 약 타갖고 왔다. 아침 열 시에 요양원 출발하여 진료 보고, 병원에서 점심 때우고, 요양원으로 와서 기저귀 갈고 다시 산책을 나왔다. 꽃샘추위라 쌀쌀한 날씨에 바람도 많이 불었다. 아침부터 오후 늦게까지 이렇게 움직일 수 있는 체력에 감사한다.

영자는 키위와 딸기를 먹고 점심은 거의 먹지 않았다. 과일이라도 잘 먹는 모습이 보기 좋았다.

3월 23일 (토)

나흘 만에 영자를 만났다. 무척 보고 싶었다. 영자는 얼굴도, 컨디션도 괜찮아 보였다. 긴 산책을 하고 마고커피에서 과일도 먹었다. 영자는 골드키위를 가장 좋아한다. 잘 먹어주니 고맙다. 두 시간 반을 돌아다녔는데도 돌아왔을 때는 들어가지 않으려 했다. 아직도 집에 데려가지 왜 여기에 두느냐는 생각을 하는 것 같다.

내가 언제까지 휠체어를 밀고 병원에 데리고 다닐 수 있을지 모르겠다. 오늘도 돌아올 때쯤은 녹초가 된 기분이었다. 영자야 미안하다. 데리고 와야 하는데, 형편이 도무지 안 되는구나.

### 3월 27일 (수)

영자와 다섯 시간을 함께 있었다. 고기를 먹고 싶어 하는 것 같아 수성못 돼지갈비집에 갔더니 잘 먹지를 못한다. 약을 많이 먹어서 그럴까, 속이 편치 않은 것일까. 요양원으로 돌아와서 기저귀 갈고, 다시 산책에 나섰다. 영자는 기저귀 가는 잠깐을 빼고 다섯 시간을 휠체어에 앉아 있었다. 영자도 지쳤겠지만 나도 완전히 녹초가 되었다. 영자는 괜찮을지 모르겠다. 저녁 시간에 전화해 봐야겠다.

### 3월 30일 (토)

영자의 외출에 소정, 명조, 김태우에다 울산의 안사돈까지 북적거렸다. 마고커피에서 잠깐 그렇게 즐겁게 보냈다. 영자는 사돈을 보고 찡그린 웃음을 보냈다. 고마운 하루였다. 두 시간의 외출에 영자는 안 들어가겠다고 발버둥 치지도 않았다. 현실을 인정하는 듯한 태도에 나는 눈이 젖는다.

### 4월 4일 (목)

영자는 요플레와 키위, 오렌지, 딸기를 아주 잘 먹었다. 고마웠다. 흐린 날씨 속에 두 시간 넘게 휠체어 산책을 했다. 요양원에 들어가기를 무척 싫어하는 영자를 그냥 집에 데리고 오고 싶다. 그러나 대책이 없지 않은가. 그렇다고 죽을 때까지 요양원에 둔다는 것도 말이 안 된다. 그러나 제 몸도 잘 가누지 못하는 내가 어떻게 한단 말인가.

　토요일에 또 오마고 달래어 헤어졌다. 영자는 제 방으로 올라갈 때는 항상 뽀로통해진다. 왜 데리고 가지 않느냐는 항의의 표시리라. 마음이 아프다.

### 4월 6일 (토)

　오후 두 시부터 다섯 시까지 휠체어를 밀었다. 외출이 끝났는데도 영자는 들어가지 않겠다고 억지를 부렸다. 나는 탈진 상태로 겨우 헤어졌다.

　영자는 오늘 딸기와 키위, 오렌지와 요플레를 잘 먹었다. 잘 먹어줘서 고마웠다. 내일 일요일은 면회가 안 되니 딸기를 좀 갖다주겠다고 영자와 약속을 했다.

### 4월 10일 (수)

　간밤에 심하게 아팠다. 잠을 잘 자지 못할 정도였다. 그래도 영자를 만난다는 기쁨에 오후에 요양원으로 갔다. 헤어컷을 한 영자는 비교적 밝은 모습이었다. 마고커피에서 키위와 딸기, 오렌지와 요플레를 매우 잘 먹었다. 잘 먹어주니 얼마나 고마운지 모르겠다.

### 4월 13일 (토)

　영자 생일을 하루 앞당겨 기념했다. 철희와 내가 요양원 거실로 올라가 여러 할머니들 앞에서 케이크를 자르고 축가를 불렀다. 그리고 산책 나와 마고커피에서 현정이네와 함께 상당히 즐거운 시간을 보냈다. 영자는 약간은 즐거워하는 것 같았다. 두어 시간 후에 요양원으로 들어가면서 이례적으로 손을 흔들어 준다. 나는 눈물이 울컥 솟을 뻔했다.

### 4월 16일 (화)

봄날의 아침이다. 영자를 만나러 가는 날이다. 딸기를 다듬고 오렌지를 손질했다. 만난다는 기대에 기쁘기도 하지만 슬픔도 밀려온다. 헤어질 때의 아픔이 예상되기 때문이다. 속절없는 세월이고 죽음을 기다리는 삶이니 얼마나 슬픈가. 그래도 오늘만 생각하고, 오늘 열심히 성의껏 잘해야지.

영자와 긴 산책 끝에 마고커피에서 과일을 먹으며 마사지도 하고 즐거운 시간을 보냈다.

### 4월 20일 (토)

비 오는 날 영자와 나드리 타고 마고커피에서 놀았다. 영자는 과일을 아주 맛나게 먹었다. 마음 아픈 만남이지만 영자와 함께 있을 때 행복하다. 헤어질 때는 언제나 안타깝지만, 그래도 또 만나야 위로가 된다. 영자는 헤어질 때면 언제나 원망하는 표정이다. 그게 마음 아프다.

### 4월 21일 (일)

일요일이라 면회가 안 된다. 영자가 얼마나 심심할까 하고 이름을 계속 부르다가 안 되겠다 싶어 지하철 타고 요양원으로 달려갔다. 딸기와 샤인머스캣을 전해 주고 돌아왔다.

4월 23일 (화)
영자와 마고커피에서 데이트를 즐겼다. 영자는 건강해 보였고 과일도 잘 먹었다. 두 시간 내내 종아리를 주물러 주었다. 차갑던 종아리에 온기가 돌자 영자는 기분 좋아라 했다. 나는 잠깐 행복했다. 영자는 오늘도 들어갈 때는 기분이 우울해졌다. 그래도 요양보호사들에게 줄 과자는 부둥켜 안고 간다.

4월 30일 (화)
영자를 데리고 아침 일찍 피부과에 다녀왔다. 영자의 피부는 전반적으로 약해진 것 말고는 큰 문제가 없다고 의사가 말했다. 요양원으로 돌아와서 기저귀 갈고, 다시 나와 마고커피에서 놀았다. 여섯 시간을 함께했다. 허리와 엉덩이가 아플 것 같아 가끔씩 몸을 추스러 주었다. 표정 없는 영자를 보고 있노라면 절로 눈물이 핑 돈다.

5월 4일 (토)
이른 더위 속에 산책을 즐겼다. 어버이날을 앞두고 명조네가 함께했다. 영자는 자주 먹던 과일은 외면하고 참외만 먹었다. 마고커피에서 영자는 가족들이 온몸을 만져주고 함께 먹는 즐거움에 잠시 흐뭇해했다. 영자는 방으로 올라가면서 별다른 저항을 보이지는 않았다. 이런 잠깐씩의 행복이라도 오래 지속되어야 할 텐데.

5월 6일 (월)

오후 늦게 영자와 외출했다. 비 온 뒷날이라 날씨가 상쾌했다. 영자는 역시 입이 고급이다. 비싼 해수전복죽을 엄청 잘 먹었다. 마고 커피에서 전복죽 한 그릇과 참외 하나를 거뜬히 먹었다. 다리를 마사지해 주니까 얼굴에 웃음이 돌아온다.

5월 11일 (토)

영자와 외식을 나왔다. 그러나 영자는 컨디션이 아주 좋지 않은지 무얼 먹을 생각을 않는다. 거식중이 걸린 듯 죽도 밥도 모두 거절이다. 두 곳 식당에서 음식값만 지불하고 그냥 나왔다. 내가 가져간 음료만 조금 마셨을 뿐이다. 자꾸 여위어가는 모습이 너무 가련하다. 다섯 시간을 함께 있다가 서운하게 헤어졌다. 마음이 무겁다.

5월 13일 (월)

과일을 꽤나 잘 먹는다. 얼굴도 그제보다는 훨씬 좋다. 다행이다. 발을 벗겨봤더니 발톱이 엉망으로 길고 발도 더러웠다. 발톱을 깎고 알로에 젤리로 깨끗이 문질러 주었더니 좋아라 하는 표정이다. 두어 시간 산책을 했더니 내가 지친다. 나무 그늘이 좋은 계절이다. 더 더워지면 휠체어 산책도 힘들 것 같아 걱정이다. 영자는 들어가기 싫다는 표정을 몇 차례 하다가 할 수 없이 밀려 올라갔다.

5월 15일 (수)

요양원에서 전화가 왔다. 영자의 질염이 도졌다는 것이다. 약국에서 질염약을 사 갖고 급히 달려갔다. 1주일간 치료해 보고 안 되면 산부인과로 가야 한다.

영자는 예의 무표정한 얼굴로 나를 맞았다. 마고커피에 가자니 날씨가 벌써 여름이라 금방 지친다. 그래도 우리는 마고커피 야외 테라스에서 과일과 음료를 먹으며 그런대로 행복한 시간을 가졌다. 알로에 젤리로 다리를 마사지해 주니 좋아라 하는 표정이다. 그러나 날이 갈수록 야위어가고 표정도 굳어지는 모습에 몹시 마음 아프다.

### 5월 18일 (토)

어제에 이어 오늘도 영자와 외출을 했다. 날이 몹시 더워 산책하기가 힘들었다. 마고커피에서 두어 시간 놀았다. 영자는 시종일관 무표정이었고 과일도 많이 먹지 않았다. 여윈 얼굴이 나의 가슴을 아프게 한다.

영자와 헤어지고 얼마 후 요양원에서 전화가 왔다. 너무 오래 앉아 있어서 발이 부었고, 피부도 벗겨져서 다시 드레싱을 했단다. 아마도 내가 마사지해 준다고 문지른 것이 약한 피부에 지나쳤던 모양이다. 너무 오래 외출도 못 하고 자극적인 마사지도 못 할 형편이다.

### 5월 24일 (금)

영자를 데리고 산부인과에 다녀왔다. 질염이 나아지지 않았기 때문이다. 먹는 약과 질정을 타왔다. 요양병원에서 돌아와 기저귀 갈고, 또 나와 마고커피에서 다섯 시까지 놀았다. 영자는 무척 마르고 심신 상태도 자꾸 나빠지는 것 같다. 요양원에서 밥 먹는 모습을 한 번 보고 싶다. 어떤 음식을 먹는지 보고 싶다. 실장한테 부탁해 봐야겠다.

5월 25일 (토)
아침부터 영자에게 갈 차비를 한다. 호주산 굵은 포도와 수박, 오렌지, 당뇨에 좋은 요구르트와 파래김, 두유를 준비했다. 여름옷도 챙겼다. 짐이 많으니 택시를 타야 한다. 돌아올 때는 겨우내 입던 옷 두어 보퉁이를 되받아 왔다.
범사에 감사하라는 성경말씀이 생각난다. 이렇게라도 영자를 치다꺼리 할 수 있으니 감사하다.

5월 27일 (월)
영자와 마고커피 테라스에서 전복죽 점심을 먹었다. 현정네가 함께해서 소풍 나온 분위기였다. 영자는 전복죽 한 그릇을 다 먹었다. 음료와 과일도 잘 먹었다. 다리 마시지를 해주고 허리 쪽으로 손을 넣어보았다. 허리가 딱딱한 의자에 밀착되어 아파보였다. 부드러운 타월 같은 것으로 허리의 마찰도 줄여야겠다. 들어갈 때는 영자 표정이 금방 어두워진다. 나는 또 눈시울을 붉혔다. 모레 오마고 몇 번을 말해도 영자는 무표정이다.

5월 30일 (목)
영자를 데리고 산부인과에 다녀왔다. 꼬박 세 시간이 걸렸다. 영자가 얼마나 힘들었을까. 나도 녹초가 되었다. 의사는 질 분비물 검사 결과가 다음 주에 나오니 그동안 자가 치료를 하라며 처방을 내주었다. 또 항생제다. 얼마나 많은 약을 먹는데, 또 항생제라니! 다섯 시에 영자는 피곤한 기색으로 밀려 올라갔다.

### 6월 5일 (수)

날씨가 예보보다 시원했다. 마고커피 야외테라스에서 우리는 마사지하며 행복한 시간을 보냈다. 영자는 잘 먹었다. 딸기도 청포도도 요플레도 요구르트도 맛이 있는가 보다. 얼마나 다행인가.

오늘은 하늘 쳐다보기 같은 목운동을 좀 시켜보았다. 이제 만날 때마다 운동을 좀 시켜야겠다. 나무 그늘에서 빙빙 돌다가, 내일 참외랑 포도 가지고 오마 하고 달래어 올려보냈다.

슬프고 답답해도 영자와 함께 있는 시간이 나에게는 가장 행복한 시간이다. 오래 살라고 당부하니 고개를 끄덕여준다.

### 6월 6일 (목)

명조네가 합류해서 마고커피에서 요양원으로 돌아왔다가. 기저귀를 갈고 다시 나와 저녁 식사를 함께 했다. 영자가 옛날에 자주 다니던 흑태찜집에 나드리를 타고 갔다. 영자는 흰쌀밥에 매콤한 흑태찜을 엄청 잘 먹었다. 먹고 싶었던 음식이리라. 오늘은 두 시에 만나 일곱 시에 헤어졌으니 다섯 시간을 함께한 셈이다. 그래도 영자는 올라갈 때 우울한 표정이었다.

6월 8일 (토)

비가 내리는데 영자를 만나러 갔다. 나드리 차 불러 가까운 마고커피로 갔다. 영자는 포도도 사과도 너무 잘 먹는다. 시간이 지난 후 다리를 주물러주고 있는데, 영자가 입을 우물거린다. 무엇이 또 먹고 싶은가 보다 하고 물을 줄까 물었더니 고개를 끄덕인다. 카페직원에게 부탁해 물을 주었더니 엄청 많이 마신다. 물 달라는 말도 못 하는 영자 앞에서 나는 눈물을 훔쳤다.

6월 10일 (월)

덥다. 영자와 마고커피에서 두어 시간 놀았다. 영자는 과일을 엄청 잘 먹었다. 마고커피 테라스가 정말 고맙다. 그늘에 앉아 먹고 마사지하고 하면 시간이 금방 가버린다. 이모가 간만에 합석하여 위로가 되었다. 내일 아침에 파티마병원 가게 일찍 오라고 말하고 겨우 올려보냈다.

6월 11일 (화)

파티마병원 피부과 진료를 받았다. 피부 상태는 많이 좋아졌으나 여전히 약은 먹으란다. 2개월분 약을 타왔다. 병원 식당에서 점심 먹고 요양원으로 돌아왔다가 기저귀 갈고 다시 나왔다. 네 시까지 교각 밑 시원한 그늘에서 놀았다. 34도의 무더운 날이다. 여섯 시간을 함께 있는 셈이다. 영자가 무표정해도 나는 함께 있는 시간이 가장 행복하다. 잘 먹는 것 보면 그렇게 좋을 수 없다. 그러나 먹는 걸 조심해야 한다. 어제 외출 때 너무 많이 먹은 탓인지 밤새 세 차례나 설사를 했다고 요양보호사가 나를 꾸짖었다.

### 6월 13일 (목)

너무 더운 날씨라 외출 시간을 오후 네 시로 정했다. 과일과 음료, 꼬마김밥과 어묵탕을 가지고 갔다. 마침 소정이도 와 주었다. 영자는 음료와 과일을 잘 먹었으나 김밥과 어묵은 좋아하지 않았다. 소정이가 사 온 닭고기를 잘 먹었다. 토요일엔 전복죽을 사 올까 한다.

기저귀를 갈아야 하기 때문에 여섯 시에 헤어졌다. 헤어질 때는 언제나 서글프고 울적해진다.

### 6월 15일 (토)

영자 이름을 자꾸자꾸 부르다가 오후 네 시쯤 만났다. 직원이 외출하고 돌아오면 계속 설사를 한다면서 무얼 먹이느냐고 따져 물었다. 이런저런 것이 얼마나 먹고 싶을까, 하고 챙겨주는 게 도리어 화근이 되다니 눈물이 난다. 그래서 오늘은 준비한 전복죽을 먹기 전에 과일과 음료를 적게 먹도록 애썼다. 날은 덥고 빗방울이 오락가락하는데, 휠체어를 조금만 밀어도 숨이 막힐 지경이다. 영자도 약간 땀을 흘렸다. 오후 여섯 시 반에 헤어졌다. 월요일에 오마고 해도 영자는 들어가기 싫어했다. 언제나 헤어질 때는 둘 다 기분이 좋지 않다.

### 6월 17일 (월)

초여름 더위가 대단하다. 오늘은 다행히 약간은 시원했다. 해수

전복죽 사 가지고 영자를 만났다. 그저께는 조심했더니 설사를 하지 않았다는데, 오늘도 조심해서 적게 먹이려고 애썼다.

그제보다는 얼굴이 좋았다. 설사를 안 한 덕인가 보다. 두 시간도 되지 않아 들어가고 싶어 했다. 도무지 들어가고 싶어 하지 않던 전날들과 달랐다. 왜일까?

6월 20일 (목)

방금 영자를 올려보냈다. 오늘 오후 네 시에 외출해서 마고커피에서 영자에게 두유와 포도와 토마토, 전복죽을 먹였다. 영자는 아주 잘 먹었다. 또 설사를 할까 봐 조심을 했다.

그리고 교각 밑 시원한 곳에서 몇 바퀴 돌다가 수돗물에 영자의 손을 씻겼다. 그런 후에 영자는 외로움과 괴로움만이 가득한 병실로 올라갔다.

6월 22일 (토)

비가 오는 날이다. 그래도 나드리 택시를 믿고 영자에게 왔다. 영자는 세 시간 가까이 함께 있다가 방금 올라갔다. 모레 소정이와 함께 전복죽 사 갖고 오마고 하니 좋아라 했다.

오늘은 두유와 사과, 약간의 토마토를 먹었다. 얼마나 잘 먹는지 보기에 즐겁다. 영자와 함께 있으면 힐링이 된다. 오늘도 그랬다.

6월 24일 (월)

덥다. 나도 아프다. 외출했다가 쓰러질까 봐 명조는 엄마에게 자주 가지 말란다. 그러나 영자에게 가는 것이 오히려 힐링이 된다. 그래서 전복죽을 배달시켜 놓고 떠날 채비를 하고 있다. 소정이도 합류하겠단다.

내가 죽으면 영자는 어쩌나? 그것은 나의 영역이 아니다.

영자는 전복죽 한 그릇을 뚝딱 먹었다. 과일은 싫어했다. 요즘 과일을 많이 먹었기 때문에 싫증이 났나 보다. 다음에는 새로운 메뉴를 고민해 봐야겠다. 날씨가 장난이 아니다. 여름에 영자를 어떻게 위로할까, 걱정이다. 외출을 마치고 올라가는 영자의 모습은 역시 우울 그 자체다. 마음이 아프다.

### 6월 26일 (수)

감사하자. 그러나 그게 잘 되지 않는 것이 문제다. 나는 식중독으로 이틀 넘게 제대로 식사를 못 하다가 오늘 흰죽을 먹기 시작했다. 죽을 것만 같더니, 아직 살아 있으니 고마운 일이다. 지금보다 더 나쁜 상황이 올 수도 있는데, 아직은 영자와 외출할 수 있고, 영자가 맛있게 먹도록 도울 수 있으니 얼마나 다행인가.

### 6월 29일 (토)

해수전복죽 들고 간만에 영자를 만났다. 너무 보고 싶었던 나머지 눈물이 쏟아질 지경인데 영자는 무표정이다. 휠체어를 밀고 마고커피 테라스에서 저녁 식사를 했다. 영자는 과일과 두유를 조금 먹고 죽은 심드렁하게 약간 먹고 만다. 아무리 달래도 고개를 젓는다.

요양원으로 돌아올 때는 비가 내리고 나드리 차는 배차가 잘되지 않아 애를 먹었다. 긴 기다림 끝에 배차를 받아 영자를 데려다주고 나는 택시를 불러 타고 집에 왔다. 저녁 일곱 시가 훌쩍 넘었다.

### 6월 11일 (목)

영자는 바싹 마르고 잘 먹지도 않았다. 현정이와 함께 마고커피에서 두 시간을 보냈다. 앙상한 영자의 모습에 오늘은 절망감이 솟구친다. 나도 아픈데 영자의 모습이 너무 안타까워 운다. 영자는 오늘도 별다른 저항없이 올라갔다. 저항 없이. 그게 슬프다.

### 7월 20일 (토)

마고커피에서 줄곧 마사지를 해주었다. 영자는 시원하다는 표정이었으나 잘 먹지는 않았다. 들어갈 때도 별다른 반응이 없다. 안 들어가려고 저항하던 기백은 이제 사라졌다. 앙상하게 여위어가는 몸과 더불어 집으로 돌아간다는 생각을 포기해 버린 것 같다. 들어가는 영자를 보면서 나는 오늘도 코눈물을 훔쳤다. 정신이 혼미해지거나 대소변을 못 가리면 누구나 들어와야 하는 곳, 요양원은 슬픈 종착역이다.

### 7월 24일 (수)

영자 틀니를 다시 하려고 치과에 데리고 갔으나 입을 벌리지 않아 진료를 보지 못했다. 대신에 틀니 부착제를 사 왔다. 영자는 귤을 조금 먹고 요구르트를 두 개나 마셨다. 들어갈 때는 역시 무표정이다. 치과 진료를 왜 거부하는지 모르겠다.

### 8월 3일 (토)

영자는 얼굴도 맑고 기분도 좋아 보였다. 명조네가 와서 그런가 보다. 우리는 마고커피에서 먹고 마사지하면서 재미있는 두 시간을 보냈다. 영자는 가끔씩 웃기까지 했다. 그러나 들어갈 때는 표정이 어두워졌다. 그래도 명조에게 손을 흔들어 작별 인사를 해 주었다. 내 눈에 눈물이 핑 돈다.

### 8월 5일 (월)

영자와 외출을 했다. 영자는 아주 잘 먹었다. 혹시 또 설사를 할까 봐 적게 가져갔는데, 여자는 포도와 복숭아, 요구르트와 약간의 녹두죽을 홀쩍 먹어버렸다.

모레 파티마병원에 갈 때는 바나나와 호박죽을 조금 가져가야겠다. 영자는 방으로 올라갈 때 뒤돌아보지 않고 그냥 가버린다. 눕고 싶은 표정이었다. 휠체어에 앉아 있을 때는 자주 겨드랑이 밑에 손을 넣어 몸을 추슬러 주지만 그래도 오래 앉아 있기가 얼마나 힘들까.

### 8월 6일 (화)

아파트 보행로에 매미 주검이 많이 눈에 띈다. 오늘 아침엔 귀뚜라미 소리도 들었다. 그 지독하던 여름 더위가 가고 있다. 왜 계절은 그렇게 가고 오는 걸까. 生老病死의 순환은 자연의 이치인데, 사람은 그 덧없음의 허무를 이겨보려고 신을 만들고 스스로 속아 살기를 택한다. 輪回를 거부한 석가모니의 선택은 옳다. 내가 만든 말이지만 From oblivion to oblivion은 진리다. 망각으로부터 와서 망각으로 끝나는 게 삶이다.

### 8월 7일 (수)

영자와 피부과에 갔다가 나드리 차로 요양원으로 돌아가고 있다. 피부가 자꾸 벗겨져서 파티마에 다닌 지도 2년 가까이 돼간다.

오늘도 영자는 포도를 잘 먹었다. 천도복숭아는 너무 딱딱해서 먹질 못했다. 영자를 들여보내고 택시를 타고 돌아가는 길이다. 안 들어가려고 발버둥치던 모습은 완전히 사라지고 우울한 얼굴로 순순히 올라가곤 하는 영자가 그렇게 측은할 수가 없다. 눈물이 난다.

영자가 가글을 할 줄 모르니까 칫솔질을 싫어한다. 그러니 입에 밥알이 수두룩이 남아있다. 소금 양치질을 해야겠다. 소금물 양치질을 하도록 준비해 요양원에 좀 부탁을 해보자.

### 8월 8일 (목)

영자 이를 닦아보려고 시도했으나 도대체 입을 열지 않는다. 치과에 갔을 때와 같다. 손을 내저으며 한사코 입을 열지 않으니 방법이 없다. 이러고서는 이가 견뎌낼 방법이 없다. 큰일이다. 한숨이 절로 나온다. 입을 열지 않으니 이제 치과에도 못 갈 형편이다.

8월 12일 (월)

　35도가 넘는 더운 날이다. 영자는 과일과 호박죽까지 잘 먹었다. 먹는 모습이 너무 좋아 영자에게 연신 고맙다고 말했다. 나도 아픈 처지지만 영자와 함께 있을 때가 세상에서 가장 즐거운 시간이다. 오늘 하루도 즐거웠다. 수액주사도 가끔 놔달라고 간호사에게 부탁했다.

8월 17일 (토)

　우리는 마고커피에서 과일을 먹고 종아리 마사지를 하며 두 시간을 놀았다. 영자는 안 먹으려 했다가 곧 맛있게 잘 먹었다. 잘 먹는 모습에 나는 즐겁다. 들어갈 때는 모레 월요일에 또 온다고 해도 우울하고 시무룩해진다. 그래도 안 들어가겠다고 저항하지는 않는다. 체념한 듯한 모습이 가슴 아프다.

8월 23일 (금)

　영자 발의 상처가 호전되지 않아 당뇨전문 내과에 갔더니 정형외과에 가 보란다. 추천하는 정형외과에 갔더니 온갖 검사를 하고 발에 깁스를 한다. 아무래도 찝찝해서 다니던 파티마 피부과에 전화했다. 월요일에 긴급 진료를 예약했다.

8월 26일 (월)

　영자가 파티마병원 피부과를 거쳐 성형외과 진료를 받았다. 피부이식 할 필요 없이 그냥 해 오던 대로 치료하라는 판정을 받아 기분이 좋았다. 내가 설명을 해 주니 영자도 좋아라 한다. 세 시간 넘게 휠체어에 앉아 있었던 탓인지 영자는 지쳐보였다.

### 8월 28일 (수)

우리는 마고커피 테라스에서 두 시간을 놀았다. 영자는 잘 먹었다. 나는 영자의 발톱과 손톱을 깎아주고 머리도 손질해 주며 행복했다. 무더운 여름 내내 테라스에서 놀 수 없었는데, 오늘은 간만에 초가을 날씨를 보인 덕이다. 놀다가 영자는 쉬를 했다고 들어가자는 표정을 보였다. 이제는 들어갈 때의 저항은 없다.

식사 후에는 꼭 이를 닦으라고 하니 고개를 끄덕인다. 내일 이 닦는지 전화로 확인해 봐야겠다.

### 8월 30일 (금)

이틀 만에 만난 영자는 시종 시무룩했다. 마고커피 테라스는 아직도 좀 더웠다. 영자는 홍로 사과를 맛있게 먹었다. 힘없고 자꾸 수척해지는 모습에 눈물이 난다. 오늘은 한 시간 반도 되지 않아 들어가겠다는 신호를 보낸다. 자꾸 추슬러 주고 마사지를 해줘도 눕고 싶은가 보다. 카페에서 좀 눕자고 하니 싫단다. 체력이 못 버티는가 보다.

### 8월 31일 (토)

막바지 더위인 것 같다. 어제에 이어 오늘도 우리는 마고커피 테라스에서 두어 시간 놀았다. 영자는 잘 먹었다. 그러나 당수치 때문에 마음놓고 먹지도 못한다. 영자는 자꾸 침을 흘린다. 이전에 없던 행동이다. 코로나 재유행이 걱정된다고 요양원에서는 잦은 외출에 눈치를 준다. 오늘도 고마웠다. 그러나 자꾸 침을 흘리는 영자의 모습이 지워지지 않는다.

### 9월 1일 (일)

저녁에 영자에게 전화했더니 이를 안 닦았다는 듯한 대답이었다. 사무실로 전화해 이 좀 닦게 해 달라고 부탁했다. 요양원 요양보호사부터 답전이 왔다. 주간근무자가 석식 후에 치약 없이 이를 닦아줬다고 했다. 너무 미안한 일이라 미안하다고 몇 차례나 사과했다.

### 9월 7일 (토)

철희네와 함께 영자와 외출했다. 마고커피에서 손자들과 함께 두어 시간 놀았다. 영자는 아이들을 보고 좋아라 했다. 그리고 잘 먹었다. 그러나 더 말라 보였다. 들어갈 때 월요일에 또 오겠다고 해도 표정이 없다. 나는 집에 돌아와 오늘 두 번째의 샤워를 했다. 영자는 누가 물수건으로 닦아주기나 하겠나. 눈물이 난다.

### 9월 16일 (월)

추석 연휴 기간이지만 마고커피에서 우리를 위해 가게 문을 열어주었다. 마침 날씨도 시원해서 우리는 테라스에서 두어 시간 놀았다. 영자는 잘 먹었으나 야위고 무표정했다. 자꾸 마른다. 한숨이 난다. 그래도 별로 아픈 데 없으니 얼마나 다행인가. 이런 행복도 얼마나 가려나, 하는데 생각이 미치면 서글퍼진다. 추석 연휴가 끝나는 19일에 만나기로 했다.

### 9월 21일 (토)

더위가 비에 쫓겨 달아났다. 23도. 비 내리는 날 영자와 나는 예의 마고커피를 찾았다. 오늘은 나드리 차가 금방 왔다. 비가 세차게 내린 탓으로 이용자들의 외출이 적은 모양이다. 영자는 외출 후 설사가 잦다는 직원들의 이야기를 들은 탓인지 많이 먹지 않으려 했다. 말을 못할 뿐이지 생각은 멀쩡하다. 월요일에 만나자며 우리는 헤어졌다. 영자는 손을 흔들어 주었다. 고맙다.

### 9월 23일 (월)

날씨가 갑자기 가을이 되었다. 소정이와 함께 햇빛을 즐기며 휠체어 산책을 했다. 영자와 우리는 정말 오랜만에 햇볕을 즐겼다. 마고커피에서 두어 시간 놀다 모레를 기약하고 헤어졌다. 영자는 억지로 손을 흔들어 주었다. 이 정도의 행복이라도 오래오래 지속되었으면 좋겠다.

### 9월 25일 (수)

외출할 때마다 설사를 한단다. 과식 탓이다. 내가 쫓아다니는 것이 오히려 영자에게 해가 되는 모양이다. 먹이는 것을 극히 조심해야겠다. 직원은 자꾸 마르는 게 설사 때문이라고 했다. 좀 더 긴밀히 직원들과 소통하기로 했다.

그래서 그런지 영자는 마르고 멍청하다. 자꾸 침을 흘린다. 나는 그런 영자의 모습이 떠오르면 집에서도 자꾸 영자 이름을 부른다.

### 9월 28일 (토)

명조네가 올라와서 함께 마고커피에서 네 명이 즐거운 시간을 보냈다. 설사할까 봐 음료도 보리차로 대신했다. 영자는 다행히 보리차를 잘 먹었다. 그러나 들어갈 때는 또 우울한 표정이었다. 내 눈에 눈물이 핑 돈다. 내가 더 이상 면회도 못 할 만큼 건강이 나빠지면 이런 슬픈 행복도 끝일 텐데.

### 9월 30일 (월)

이제 날씨가 그런대로 괜찮아서 휠체어를 밀고 마고커피로 직행했다.

설사할까 봐 요즘은 먼저 보리차 한 잔을 마시게 한다. 영자는 보리차를 엄청 좋아한다. 머그잔 가득 보리차를 한 잔 하고 나서 약간의 과일과 뉴케어를 먹였다. 발톱을 손질해 주고 계속 종아리를 주물러주었다. 들어갈 때는 늦더위가 조금 있었다. 요양원 주변을 오래 거닐었다. 영자가 들어가기 싫어했기 때문이다. 영자의 초췌한 얼굴이 마음을 때린다.

### 10월 2일 (수)

영자를 데리고 파티마 피부과에 다녀왔다. 피부는 많이 좋아졌다. 두 달 후 병원 갈때는 완전히 나아졌으면 좋겠다.

우리는 완연한 가을 날씨 속에 병원 정원에서 햇볕을 쬐며 놀았다. 요양원으로 돌아와서도 경관이 좋은 곳을 찾아 햇볕을 즐겼다. 세 시간을 넘긴 후에야 영자는 들어가겠다는 표현을 했다.

오후 늦게 요양원에서 전화가 왔다. 거기서 전화가 오면 언제나 불길하다. 영자 기저귀에서 이상한 분비물이 묻어 나온단다. 질염이 또 도진 모양이다. 여성 메디병원에 전화를 했더니 모레 오후 4시에 진료가 가능하단다. 예약을 했다.

10월 4일 (금)

다행히 영자는 질염이 아니었다. 우리는 오후의 가을을 실컷 즐겼다. 걷다가 커피집에서 간단히 먹고, 마사지하다가 또 산책을 했다. 파란 하늘에 뜬 구름이 유난히 예뻤다. 영자도 그런 하늘을 좋아하는 듯했다. 몇 번이고 어깨 밑으로 손을 넣어 몸을 추슬러 주었다. 몇 시간씩 앉아 있다는 게 얼마나 힘들겠나.

10월 5일 (토)

인터넷으로 산 예쁜 신발을 신겼다. 영자는 아무 반응이 없다. 걷지도 못하는 사실에 울컥 눈물이 난다. 그래도 '신발 예쁘지?' 하고 물으니 '응' 하고 대답한다.

10월 7일 (월)

찌뿌둥한 날이다. 영자와 휠체어 산책을 했다. 춥다고 해서 겉옷의 지퍼를 단단히 여며주었다. 마고커피에서 한 시간가량 앉았다가 요양원으로 돌아왔다. 영자는 별다른 표정없이 밀려 올라갔다. 현정이가 잠깐 커피점에 들렀다 갔다. 이렇게라도 만났다 가니 위로가 된다.

### 10월 9일 (수)

영자 휠체어 방석을 좋은 걸로 바꿔주었다. 인터넷을 뒤진 끝에 찾은 것이다. 영자의 표정은 무반응이었다. 편하냐고 물어도 별다른 반응이 없다. 감각이 많이 둔해진 것 같다. 오늘도 오후에 두어 시간 산책을 했다.

### 10월 12일 (토)

산책 후 데려다주고 지하철을 탔다. 영자가 자꾸 설사를 한다고 해서 오늘은 따뜻한 보리차 한 컵과 사과만 조금 먹였다. 그래도 겁난다. 나를 만나는 날마다 설사를 한다니 여간 조심스러워 해야 할 일이 아니다.

### 10월 14일 (월)

오늘 과일을 먹여주면서 많이 울었다. 음식이 자꾸 입 밖으로 흘러나온다. 흡사 두 살배기 어린이에게 먹이듯 얇게 썰어서 주는데도 제대로 씹질 못한다.

한없는 연민에 삶의 허망함이 마구 밀려와 나는 눈물 콧물을 가눌 수가 없다. 무표정한 영자는 내가 왜 우는지를 알까. 삼 년이란 세월, 숱한 고통 속에서도 영자는 아직 살아 있다. 나도 계속 여기저기 아프니 누가 먼저 죽을지도 모른다.

### 10월 16일 (수)

오늘은 꼬박 세 시간을 휠체어 산책을 했다. 내가 비교적 컨디션이 좋은 날이라 다행이다. 영자는 계속 손짓으로 이리저리 가자고 지시를 한다. 두 시간 넘게 그렇게 산책하다 마고커피에서 과일과 약간의 빵을 먹었다. 오늘은 틀니 상태가 좋은지 음식을 흘리지 않았다. 틀니접착제를 잘 사용해 달라고 간호사에게 당부한 덕이다. 그러나 접착제도 많이 쓰면 부작용이 있다니 걱정이다. 맛있게 먹는 영자를 보며 걱정도 된다. 이 정도로 설사는 안 하겠지.

### 10월 18일 (금)

외출했다가 비를 만나 나드리 택시를 불렀다. 영자는 날씨처럼 찌뿌둥한 기분이다. 비가 오나 눈이 오나 우리의 외출은 변함이 없다. 그럴 수 있다는 게 얼마나 고마운 일인가. 둘 중 하나가 여의치 못하면 외출도 끝날 것 아닌가. 감사하자.

### 10월 19일 (토)

비 오는 날이다. 영자와 함께 나드리 택시 타고 마고커피에서 다과를 먹었다. 영자는 사과와 바나나에다 두어 조각의 빵을 따뜻한 보리차와 함께 맛있게 먹는다. 나는 기분이 좋아진다. 비가 그쳐 우리는 산책길에 나섰다. 영자는 초겨울 차림에 장갑과 목도리까지 했다. 들어갈 때는 정미영 복지사가 한없이 친절한 태도로 영자를 감싸 안 듯하며 밀고 올라갔다. 언제나 고마운 직원이다.

10월 21일 (월)

영자와 한 시간가량 휠체어 산책을 하다가 마고커피에서 과일을 먹으며 놀았다. 영자 머리에 두피크림을 발라 마사지해 주고 등에는 알로에 크림을 발라주었다. 좋아하는 표정이다. 늦게 소정이가 오자 드디어 웃음을 보인다. 헤어질 때는 또 우울한 표정이다. 나도 그만 우울해진다.

10월 23일 (수)

영자의 겨울 옷을 갖다주고 여름 옷을 되가져왔다. 여름 옷이 무겁도록 한 보따리다.

10월 26일 (토)

영자는 자꾸 바보가 되어간다. 오늘은 춥냐, 덥냐 하는 물음에 응대할 뿐 거의 의사표현을 하지 못한다. 아침 전화에도 대꾸를 거의 하지 못한 채 통화가 끝났다.

손톱을 깎아주고, 머리에 두피영양제를 뿌려 마시지를 해줘도 표정이 없다. 며칠 전에는 내 입가에 묻은 이물질을 떼내어 주기도 했었는데, 그게 옛날 일이 된 것 같다. 키위와 사과는 적당히 잘 받아먹어서 그나마 위로가 된다. 언제 통곡할 일이 벌어질지 모르는 하루하루의 삶이다.

10월 30일 (수)

따스한 가을 날씨 속에 영자와 휠체어 산책을 했다. 나는 몸이 안 좋다가도 영자를 만나면 그래도 어디서 힘이 솟아난다.

오늘은 멀쩡해 보이는 어느 입소자 노인의 모습을 보았다. 아들 딸과 외식 후 돌아오던 노인은 들어갈 때도 자기 집에 온 듯 쾌활해 보였다. 아마도 집에서 혼자 살기보다 요양원을 택한 것 같다. 1인실에 외출 등 행동에 별다른 제약을 받지 않는다면 그것도 괜찮을 것 같기도 하다.

11월 2일 (토)

영자와 즐거운 외출이다. 눈곱을 닦아 주고, 머리를 마사지하고, 얼굴에 알로에 크림을 발라준 후 휠체어 산책에 나섰다. 새로 산 부츠가 딱 잘 맞았다. 영자도 좋아하는 표정이다. 먼 길을 돌아 마고커피에서 과일, 빵과 차를 마셨다. 영자는 갖고 간 쌍화차를 엄청 좋아했다. 모레 또 갖고오마고 하니 좋다고 한다.

병실의 침대를 창가 쪽으로 옮겨달라고 벌써 부탁을 했는데 어제서야 성사가 되었다. 창가 햇볕이 들어오는 자리로 옮겼다기에 올라가 보았더니 딱 좋은 위치였다. 영자는 들어갈 때 새로 옮긴 2층 요양보호사에게 줄 빵을 사가자니 좋아한다. 빵을 들고 밀려 올라가는 표정이 오늘은 비교적 밝다.

11월 4일 (월)

비 온 뒤의 좋은 가을날이다. 영자와 나는 산책하고 카페에서 먹고 마사지하고 또 산책하면서 거의 세 시간을 보냈다. 영자는 들어가기 싫다며 자꾸 돌아다니자고 손짓한다. 나는 지쳐서 도무지 더 이상 버틸 수 없는 지경이 되었다. 그래도 이렇게 돌아다닐 수 있으니 얼마나 다행인가. 영자는 아직도 잘 먹고 내 말도 잘 알아듣는다. 얼마나 다행인가.

### 11월 9일 (토)
3일 만에 만나는 것이 까마득하게 느껴진다. 1주일에 세 차례 외출이 이제 관행이 되었다.
마고커피에서 영자는 아주 잘 먹었다. 두유와 아몬드, 그리고 바나나를 믹스한 것을 아주 맛있게 먹는다. 들어갈 때는 요양보호사에게 줄 초코파이 상자를 들고 갔다. 모레 만나자고 하며 손을 흔드니 눈으로 인사를 받아준다. 세월은 자꾸 가는데 나와 영자는 언제까지 이렇게나마 행복할 수 있을까.

### 11월 11일 (월)
마침 햇살도 좋아 우리는 마고커피까지 산책을 즐겼다. 영자는 기분이 그리 좋아보이진 않았지만 그런대로 먹었다. 앉아 있는 모습이 불편해 보여 왜 그럴까 궁리를 해봤더니 옷을 많이 입은 탓으로 더웠던가 보다. 겉옷의 지퍼를 열고 속옷을 제쳐 입으로 바람을 불어 넣어줬더니 금방 얼굴이 편안해진다. 덥다는 표현을 할 수 없으니 참 안타깝다. 테라스에서 손톱을 깎아주었다.

11월 14일 (목)

하루 두세 차례 전화한다. 오전 열한 시에 영자는 자고 있다. 억지로 바꿔 달랬더니 잠에서 덜 깬 목소리다. 먹고 자는 일 외에는 할 일이 없다면 천형 아닌가. 눈물이 절로 난다. 시시포스의 형벌 그 자체다. 그래서 내가 자꾸 외출이라도 시켜야 한다.

11월 15일 (금)

낙양성 십 리 허에 높고 낮은 저 무덤은~ 우리네 인생 한 번 가면 저기 저 모양 될 터이니…. 그런 줄 알면서도 꿀 빠는 재미에 열심히들 살아가는 모습이 참 우습다. 나도 그렇게 살아간다. 오늘도 영자의 휠체어를 밀고 두어 시간 행복했다. 내 인생의 마지막 과업이다. 영자는 약간 콜록거렸다. 혹시 나쁜 병이라도 들면 통곡할 일이다.

11월 16일 (토)

수성못으로 나들이를 갔다. 사람과 차가 뒤범벅이었다. 영자는 좋아라 한다. 나도 별로 피곤하지 않고 컨디션이 좋았다. 샛노란 은행잎을 배경으로 영자 사진을 찍어 아이들에게 보내 주었다. 영자는 세 시간 넘게 휠체어에서 잘 버텨주었다. 오가는 사람들에게 영자는 자꾸 손을 흔든다. 반갑다는 인사인가 보다.

11월 18일 (월)

영자가 1주일에 서너 차례씩 외출을 하니 피곤해한다는 이야기를 요양원 직원이 들려준다. 너무 자주 오지 말라는 말인가 하고 다시 물었더니 그건 아니란다.

오늘은 기온이 뚝 떨어져 좀 춥다. 그래도 두어 시간 산책을 했다. 영자는 잘 먹고 얼굴도 좋았으나 기침을 콜록거린다. 몇 번이나 옷을 여미어주고 목도리를 감았다 풀었다 했다.

## 11월 21일 (목)

영자에게 전화로 당신은 내가 안 보고 싶나?라고 물었더니 왜 안 보고 싶어라고 답한다. 정신과 청력이 살아 있다는 증거다. 나는 금방 눈시울을 적신다. 영자에게 아프지 말라고 당부하면서 전화를 끊었다.

## 11월 27일 (수)

영자와 파티마 피부과에 다녀왔다. 피부는 다행히 약을 먹지 않아도 될 만큼 좋아졌다. 오른쪽 발등에 바르는 약을 타왔다. 다시 가려울지 몰라 상비약을 약간 처방받았다. 병원에 다녀와서 우리는 요양원 주변을 산책했다. 날씨가 많이 차져서 영자는 방한복을 입었다.

## 12월 3일 (화)

내일 가겠다고 영자한테 전화했더니, 두어 차례 예에 하다가 저절로 끊어진다. 대답하기가 너무 힘든 것 같다. 문양에서 간단한 장을 보고 지하철을 탔는데 바로 앞에 전동휠체어를 탄 젊은 여자분이 보인다. 영자처럼 오른손을 못 쓰는 것 같다. 너무 안됐다. 눈물이 나도록 애처롭다. 예전에는 그냥 아무렇지도 않은 일이었는데….

12월 11일 (수)

몸이 불편해서 오늘은 영자에게 못 갔다. 너무 보고 싶다. 저녁에 전화했더니 영자가 아픈 데 없이 잘 있다는 김순화 요양보호사의 대답이다. 그녀는 영자와 양모를 맺었다고 했다. 우리가 통화하는 동안 옆에 앉아 있는 순화 씨의 흘러내린 머리칼을 영자가 손으로 올려주더라고 한다. 나는 순화 씨에게 그럼 선생님은 내 딸이기도 하다고 말해줬다. 참 따뜻한 사람도 있구나! 눈물 나게 고맙다. 순화 씨 복받으세요.

12월 14일 (토)

오늘은 철희, 명조와 함께 영자를 만나 마고커피에서 즐거운 시간을 보냈다. 영자는 명조와 철희를 보고 웃었다. 영자의 웃음을 간만에 본다. 그런대로 흐뭇한 시간이었다. 헤어질 때 영자는 손짓으로 철희를 불렀다. 철희가 다가가자 손을 잡아보고 헤어지며 손을 흔들어 주었다. 생각이 있고, 감정도 살아있다는 증거다.

12월 19일 (목)

오늘 외출에는 현정이가 동행했다. 우리는 마고커피에서 먹고 마사지하면서 놀았다. 영자는 과일과 아몬드를 두유에 갈아 만든 주스를 좋아한다. 당뇨와 설사에 신경을 쓰면서 만든 건데, 그래도 마음이 쓰인다. 추웠던 날씨는 봄날처럼 포근하게 풀렸다. 영자는 안색도 좋고 건강에도 이상이 없어 보였다. 감사한 일이다.

12월 28일 (토)

추운 날씨다. 나는 또 오한이 몰려와 괴로웠다. 영자에게 도무지 못 갈 것 같았는데, 억지로 택시를 탔다. 그리고 훨씬 견디기가 좋아졌다. 영자를 만나고 나면 오늘 할 일을 한 것 같은 기분이 들고 몸도 가벼워진다. 우리는 나드리를 타고 가서 마고커피에서 놀았다. 추워서 산책을 할 수가 없었다. 영자는 헤어지면서 손을 흔들어주며 어서 가라고 손짓을 했다. 고맙다.

12월 30일 (월)

겨울옷을 몇 개 더 갖다주려고 옷장을 뒤졌다. 가득한 옷들을 보며 한숨이 절로 난다. 웃옷 내의 하나와 무릎담요 한 개를 가져갔다. 소정이가 함께했다. 소정이를 보고 영자는 웃었다. 두어 시간 마고커피에서 놀다가 헤어졌다. 포근하다 해도 겨울은 겨울이라 춥다. 완전무장을 해도 영자는 추워 보였다. 톨스토이의 『이반일리치의 죽음』을 마침 세 번째 읽은 날이라 더더욱 마음이 아프다.

# 2025년

1월 2일 (목)

마침 영상 10도의 따뜻한 겨울이라 우리는 실컷 산책을 했다. 마고커피에서 영자는 딸기와 빵을 먹고 내가 만든 음료수도 잘 먹었다. 길 가던 젊은 여성은 오늘도 산책을 하시네요 하고 인사를 보냈고, 나이 든 어떤 남성은 무릎담요가 휠체어 바퀴에 닿는다고 손수 바로잡아 준다. 요양원에서는 수양딸을 맺었다는 김순화 씨가 걱정하지 않도록 잘 모시겠다고 함박 웃음을 보낸다. 고마운 사람들이 많다.

1월 4일 (토)

서울에서 명지네가 와서 마고커피에서 잠깐 놀았다. 영자는 명지를 보고는 무표정했으나 이 서방을 보고는 웃는다. 그 이유를 잘 모르겠다.

1월 5일 (일)

요양원에서 전화가 왔다. 깜짝 놀랐다. 어제 외출 후에 밤사이에 영자가 설사를 많이 했단다. 좀 많이 먹긴 했으나 유제품은 없었는데. 못 움직이니까 조금 과하게 먹으면 설사를 하는 것 같다. 마음이 아프다. 직원들에게도 미안하다. 1월 한 달간은 주 2회만 외출하고 적게 먹여야겠다.

1월 11일 (토)

한파 주의보가 내렸다는데 별로 춥지는 않다. 영자를 완전히 무장시켜 산책을 했다. 소한이 지났으니 이제 겨울도 얼마 남지 않았다. 영자는 마고커피에서 딸기와 메밀스낵을 잘도 먹었다. 외출했다 하면 설사를 한다고 해서 갈아서 만든 주스는 갖고 가지 않았다. 오늘 너무 많이 먹은 건 아닌지 걱정이다.

1월 14일 (화)

포근한 겨울 날씨 속에 영자와 외출했다. 영자는 이제 말을 전혀 하지 못한다. 묻는 말에 겨우 '응응'만 한다. 카페에서 간식 먹고 또 산책할 수 있으니 이만해도 얼마나 다행인가. 오늘도 영자는 요양보호사들에게 줄 초코파이 한 박스를 들고 무표정한 얼굴로 밀려서 올라갔다.

1월 18일 (토)

서울에서 내려온 철희와 함께 아침 일찍 요양원으로 갔다. 영자는 완전히 멍한 채 아들조차 알아보지 못한다. 요양원 직원과 함께 내과의원으로 가서 사진을 찍고 링거주사를 맞았다. 그러자 영자는 겨우 손짓으로 사람을 알아보는 시늉을 한다. 요양원으로 돌아와 갖고 간 딸기와 물을 좀 먹이고 돌아왔다. 모레 만나자고 해도 반응이 없고 영자는 저녁에 전화를 해도 받을 줄 모른다. 이렇게 사그라드는 건가? 너무 마음이 아프다. 내일 아침에 또 전화를 해보는 수밖에.

## 3부

# 고통의 바다… 그리고 해탈

― 콧줄로 연명한 막바지 삶 ―

1월 21일 (화)

어제 영자가 입원했다. 영자는 사람을 알아보지 못하고 고개를 가누지도 못한다. 오전에 파티마병원 응급실에 갔는데 밤늦게서야 겨우 병실을 구할 수 있었다. 현정이가 휴무일이라 함께했다. 나는 오후 늦게 현정이와 교대하고 집에 돌아왔다. 현정이가 하루 12만 원짜리 간병인을 구했다. 영자는 폐렴이라는 판정을 받았다. 몇 달 전부터 잔기침을 했는데, 그걸 간과했나 보다.

오늘 새벽에 요양원 주변의 산책길을 생각하며 울었다. 그때가 그래도 행복했다. 다시 그렇게 산책을 할 수 있으려나? 오늘 오전에는 병원에 가져갈 물건들을 챙겼다. 딸기와 온수도 챙겼다. 먹을 수 있으려나?

오늘 영자는 전날보다는 훨씬 나아진 모습이었다. 사람을 알아보고 명조의 전화를 받고 '응응' 하고 응대하기도 했다. 그러나 이제 너무 허약하고 소진되었다. 담당 의사는 그냥 지켜보고 있다고 말했다. 영자는 가래를 스스로 뱉을 힘이 없어 기계로 뽑아줘야 한다. 주물러주고, 다독여주고, 쓰다듬어 주니 좋아하는 표정이다. 코눈물이 절로 난다.

1월 25일 (토)

명조네가 엄마를 보러 왔다. 영자는 명조네를 보고도 아무런 반응이 없다. 명조네가 돌아가고 내가 떠나올 때는 입을 약간 벌리고 깊은 잠에 빠졌다. 열이 좀 내리고 편안해진 것 같다. 산다는 일은 슬픈 것이다.

1월 26일 (일)

영자는 겨우겨우 간병인의 도움으로 죽그릇을 다 비운다. 열도 좀 내렸다. 그러나 콜록콜록 가래 기침은 여전하다. 축 늘어진 몸에는 기운이라곤 하나 없다. 절망이다. 폐렴을 이긴다면 기적이다. 그런 기적이 일어나기를 빌어야 한다. 지금 죽는 건 용서가 안 된다.

1월 27일 (월)

병상의 영자는 편안한 얼굴이다. 그러나 사람을 알아보지 못하고 음식을 거의 먹지 못한다. 전담간호사와 통화했다. 콧줄로 영양을 공급하고 최고 단위의 항생제를 써봐야겠단다. 요양원 간호팀장에게 전화했더니 콧줄은 상태가 호전되면 빼도 되니까 그렇게 하란다. 방법이 그것뿐이다. 다행히 영자는 고통은 없어 보인다. 눈물이 쏟아지지만 요행을 바라고 기다리는 수밖에 없다.

1월 28일 (화)

오전과 오후, 두 차례 영자를 만났다. 알아보는 듯한 시늉은 하는데, 큰사위와 재원이를 전혀 못 알아본다. 콧줄로 음식을 공급받고 있는 상황이다. 이제 최고 단위의 항생제가 듣지 않으면 끝이다. 콧줄이 불편한지 왼손으로 콧줄을 빼버리려 한단다. 할 수 없이 제대로 움직이는 것이 하나뿐인 왼손에 두터운 장갑을 끼우도록 하자는 간호사의 제안에 동의를 해주었다. 영자야 어찌할꼬! 나는 혼자서 자꾸자꾸 영자 이름을 부른다. 울면서 코를 푼다.

2월 1일 (토)

영자가 퇴원했다. 콧줄을 한 채, 바짝 마른 영자는 사람도 잘 알아보지 못한다. 퇴원해봤자 요양원이지만, 폐렴이 잡혔으니 우선은 다행이다. 내일 일은 내일 할 일이다. 현정네가 퇴원을 거들었다. 병원이나 요양원 모두 사람들이 친절한 덕에 기분이 좋다.

2월 3일 (월)

요양원 병실에서 영자를 만났다. 퇴원 때보다 많이 좋아진 모습이지만 아직도 사람을 제대로 알아보지는 못한다. 방은 햇볕이 잘 들고, 커튼을 젖히면 야산이 보이는 좋은 환경이었다. 그러나 영자는 그런 환경의 호불호를 인식하지 못하는 것 같다. 곧 콧줄을 빼고 밥을 먹게 되면 휠체어 산책을 하자고 말해도 무표정이다. 그래도 이만해서 다행이라는 생각이 든다. 직원들이 모두 친절해서 좋았다. 입춘 추위가 가시면 곧 따뜻한 봄날이다. 영자와 마고커피에서 딸기와 차를 먹고 싶다.

2월 5일 (수)

요양원 면회실에서 만난 영자는 완전한 무표정이다. 콧줄을 한 채 무슨 말에도 반응이 없다. 얼굴에 크림을 발라주고 머리를 빗겨주고 다리를 문질러 주었다. 간호팀장은 당분간 콧줄을 뺄 계획이 없다고 했다. 그런 영자의 모습이 떠오르면 나는 하루에도 몇 번씩이나 영자야, 영자야 하고 중얼거린다.

2월 8일 (토)

영자는 사람을 알아보지 못한다. 서울에서 애써 내려온 아들도 몰라본다. 콧줄을 한 채 침을 흘리는 모습이 흡사 바보 같다. 설사 밥을 먹을 수 있다 해도 씹는 것을 잊어버렸을 것 같다. 그게 영자 자신에게는 오히려 편한 것일까? 서글프다.

2월 11일 (화)

오늘 영자는 사람을 알아보았다. 현정이에게 손을 흔들어 보이기도 했다. 반가웠다. 이제 입으로 음식을 먹기만 하면 콧줄을 떼고 휠체어 산책도 가능할지 모르겠다. 영자가 음식도 즐기고, 왼손으로라도 의사를 표시하며 좀 더 삶을 즐길 수 있기를 간절히 바란다. 모레 또 가야겠다.

2월 13일 (목)

면회실에서 만난 영자는 콧줄을 한 채 멍한 표정이다. 그 초췌한 모습에 왈칵 눈물이 쏟아진다. 얼굴에 크림을 발라주고, 머리를 벗겨주고 다리를 주물러 주었다. 그래도 표정에 변화가 없다.

2월 15일 (토)

밤 8시쯤 요양원에서 전화가 왔다. 가슴이 철렁한다.

가래가 심하고 식은땀을 많이 흘린다고 했다. 119를 불러 파티마 응급실로 가게 하고 나는 택시 타고 달려갔다. 다행히 응급실은 비교적 조용했고, 금방 베드를 구할 수 있었다. 자상한 119구급대원이 한없이 고마웠다. 가래가 심하고 염증 수치가 높다는 응급실 의사의 진단이다. 소정이가 급히 구한 간병인에게 영자를 맡기고 자정에 돌아왔다.

2월 16일 (일)
영자가 다시 입원했다. 담당 의사는 정상적으로 퇴원하기가 어려울 것 같다고 말했다. 폐렴이 심하고 고단위 항생제가 듣는다는 보장도 없다고 했다. 예후가 나쁘다는 이야기다. 응급실에서 병실로 옮긴 영자의 초라한 몸을 보며 저절로 눈물이 솟구쳤다. 현정이가 거들어줘서 도움이 되었다. 응급실에서 인공호흡기 착용 등 연명치료를 않겠다는 서약서에 서명했다. 언제라도 갑자기 상태가 악화될 수 있다는 의미인 것 같다. 매일 병실로 찾아가겠지만 매일 느껴지는 절망감을 어떻게 이겨낼 수 있을까? 이 일기를 쓰면서도 눈물 콧물이 하염없이 쏟아진다.

2월 17일 (월)
영자는 편안한 얼굴이었다. 현정이와 간호사가 설득해 가래를 조금 뽑아냈다. 그러나 상태는 좋지 않다. 심장이 좋지 않아 초음파를 한단다. 눈은 맑게 껌벅이지만 의사 표현은 전혀 하지 못한다. 오늘은 아이들과 영자가 갈 장지에 대해 의논했다.

2월 18일 (화)
오늘 영자는 눈이 또록또록했다. 그러나 표정은 여전히 돌아오지 않았다. 콧줄을 잡아당길까 봐 간병인은 사지 중 움직일 수 있는 단 하나 남은 영자의 왼손을 묶어 놓았다. 왈칵 눈물이 난다. 내가 가니까 줄을 풀어준다. 계속 감시할 수 없으니 묶어 놓았나 보다. 등을 두드려주면서 가래를 뽑는데 적극 협조하라고 영자에게 신신당부했다.

집에 돌아온 후에도 영자의 모습이 아른거려서 잠을 잘 수가 없다.

### 2월 19일 (수)

영자가 이상한 전염병에 걸린 것으로 판정 나 오늘 오후 다섯 시에 1인실로 옮겼다. 기저귀 차고 병실에 오래 있으면서 항생제를 많이 쓰면 나타나는 전염병이란다. 건강한 사람은 전염되지 않지만 노약자는 걸릴 수 있는 vre란 바이러스성 질병이다. 폐렴에 전염병까지 걸렸으니 최악의 상황이다. 그래도 오늘 영자는 나를 보고 왼손을 흔들어 보이는 기적 같은 행동을 했다. 고개를 끄덕이는 반응도 보인다. 말은 다 알아듣는 것 같다. 나는 영자의 이마를 쓰다듬어 주며 고맙다고 몇 번이나 말해주었다.

기적적으로 퇴원을 하게 되면 요양원 대신 우리 집 옆에 있는 요양병원으로 옮겨야겠다. 담당자와 통화했더니 반갑게 응대해 주었다. 매일 영자와 면회할 수 있다니 그곳이 좋을 것 같다.

### 2월 23일 (일)

지난 금요일 의사는 내주 화요일 퇴원할 것 같다고 말했다. 4급

전염병 감염자인 영자가 갈 곳은 어딘가? 몇 곳을 알아보고 있다.

어제 토요일엔 명조와 명지가 다녀갔다. 오늘 소정이와 함께 영자를 만났다. 영자는 석고처럼 무표정하게 그냥 누워있다. 그 모습을 보고 있자니 눈물이 절로 난다.

### 2월 24일 (월)

영자를 생각하면 절망이다. 요양병원으로 옮기면 얼마나 심한 스트레스를 받을까. 오물 덩어리 취급을 받지 않을까. 그런 고생 끝에 죽어 장례를 치르고 나면, 나도 더 이상 살아갈 이유가 없을 것 같다. 오늘 오후에 의사 회진으로 퇴원이 결정될 것이다.

오후에 의사를 만났다. 내일 이후에 퇴원해도 될 것 같다고 했다. 처음에는 제대로 나았다는 말로 알아들었다. 그러나 간호사의 말은 전혀 달랐다. 폐렴은 일단 잡히는 것 같은데 vre는 나은 게 아니며, 심지어 가래에서 mrsa라는 병원감염균이 새로 발견되었다는 것이다. 그러니 폐렴 고치려다 두 개의 전염병을 얻었다는 결론이다. 영자의 비참한 말년을 어떻게 지켜보나!

요양원으로 돌아가기는 아예 틀렸고, 이런 환자를 받아주는 요양병원을 찾아야 한다. 그래서 오후에 몇몇 요양병원을 연락해 보고 찾아다녀 보기도 했다. 내일 두어 군데를 가보고 모레 옮겨볼까 한다. 우리 영자 너무 딱하다. 지팡이 짚고 뒤뚱거리며, 내일도 모레도 뛰어다녀야 할 내 처지도 처량하다.

### 2월 25일 (화)

요양병원으로 옮기기로 확정했다. 집에서 버스정류장 두 개 코스다. 4인 1실이지만 지금은 할머니 한 사람뿐이다. 영자가 외로움을 이겨낼 수 있다면 가장 잘한 선택인 것 같다. 지독한 병상 생활을 견딜 수 있을까? 전염병이 낫지 않는다면 면회도 제한적이라니 생각만 해도 답답하다. 그래도 주 2회 정도 짧게 면회가 된다니 다행이다.

### 2월 26일 (수)

요양병원으로 옮겼다. 영자는 병원을 옮겼다는 사실조차 잘 모르는 것 같다. 옮긴 후 곧장 잠에 빠져들었다. 새 의사는 예후가 좋지 못하다는 이야기를 했다. 각오한 일이다. 어제 처음으로 영자가 더 이상의 고통에서 벗어나 주면 좋겠다는 생각을 했다. 병원을 옮긴 후, 요양원에서 짐을 갖고 왔다. 몇 보따리 되는 짐 중 절반은 버리고 절반만 갖고 왔다. 소정이가 수고했다.

### 2월 27(목)

생필품을 전해주고 영자를 만났다. 영자는 깨끗한 모습으로 반듯이 누워있다. 아무 반응이 없다가 어쩌다 이불 속에서 왼쪽 손을 내밀어 치켜든다. 사람을 인식한다는 신호다. 이십여 분 있다가 나왔다.

### 3월 1일 (토)

어제는 몸이 무거워 영자에게 가지 못했다. 요양원에서 갖고 온 영자의 옷들이 빨랫줄에 가득 널려있다. 다시는 입지도 못할 옷들이지만 아까워서 갖고 와 세탁기를 돌렸는데, 왜 그렇게 했는지 모르겠다. 몸과 마음이 많이 상했는지 아이들이 우울제를 먹으라고 권한다. 어제 낮에 지인과 외식을 했는데, 밥맛이 전혀 없어 절반도 먹지 못했다.

아무런 의미 없는 한 달이 가고 벌써 3월이다. 오늘 영자는 반듯이 누워 눈을 껌벅이고 있었다. 내가 부르니 아는 시늉을 한다. 그제보다는 좀 나아진 것 같다. 눈물 콧물이 쏟아져 나온다. 몇 차례 만져주고 쓰다듬어 주었다. 긴긴 하루하루를 무슨 생각을 하며 보낼까? 휠체어 타고 봄바람 맞을 수 있다면 좋겠으련만…. 영자야! 사랑한다. 너도 가고 나도 가야 할 때이긴 하지만 아쉽다. 아쉽구나.

### 3월 2일 (일)

영자는 마냥 누워있다. 간호사에게 휠체어로 복도 산책을 좀 하자고 했더니, 병원균 감염환자라 안 된단다. 비닐장갑을 끼고 만져주고 쓰다듬어 주어도 영자는 좋다, 안 좋다는 반응이 없다. 울지 말자고 다짐을 했건만, 절로 눈물 콧물이 흐른다. 그래도 좀 나아지거든 휠체어 타고 산책하자니까 응 하고 대답한다. 간호사나 간병사의 말에도 반응을 한다.

방마다 즐비하게 누운 노인들의 모습은 여기가 지옥이란 사실을 똑똑히 보여준다. 삶의 무의미, 현대의술의 저주를 실감한다. 간호사의 조언에 따라 단백질 보충제 하이뮨을 쿠팡에 주문했다.

3월 3일 (월)

나의 일과는 매일 오후에 영자를 찾아가는 것으로 고착되는 것 같다. 서글프지만 그래도 영자를 보는 것은 기쁜 일이다. 오늘도 영자는 반듯이 누워있다. 옆 환자가 자리를 비워 덩그러니 혼자 하염없이 누워있다. 내가 가니 반응을 한다. 묻는 말에 대답하고 고개를 끄덕이기도 한다. 훨씬 좋아진 모습이다. 체위를 바꿔주려고 애썼으나 혼자서는 버겁다.

간병사가 내일 곽티슈 세 개와 물티슈 두 개를 갖고 오란다. 내일은 의사도 한번 만나봐야겠다. 텅 빈 병실에 누워만 있는 영자를 두고 나오려니 또 금방 눈물이 고인다. 하긴 3년 넘게 누워있는 일상이니 누워있는 것이 지루하지 않을지도 모르겠다는 자위도 해본다.

3월 4일 (화)

비 내리는 날이다. 한기가 들고 기분은 울적하다. 딱히 좋을 일이 없다. 침대에 누웠다가 오후에 담요와 티슈 등 한 보따리 짐을 들고 택시로 영자에게 갔다. 영자는 하염없이 그렇게 누워있다. 의사를 만났으나 좋은 소식은 없었다. 그러나 마스크 하고 복도에서 휠체어 산책을 해도 좋다는 허락을 받았다. 희소식이다.

영자는 실로 오랜만에 휠체어에 올라탔다. 복도를 오락가락하니 얼마나 좋은지! 영자는 '좋지?' 하고 묻는 말에 대답도 잘한다. 나도 울적하던 기분이 금방 쾌활한 상태로 바뀌었다. 영자는 내일도 산책을 하자는 나의 제안에 '응응' 하고 대답한다. 산책 중 재활실도 둘러보았다. 오전에 마사지 재활을 하고 오후에는 휠체어 산책을 하면 좋을 것 같아 간호사에게 재활 신청을 해두었다. 돈이 들더라도 영자가 침대에서 벗어나는 시간을 늘려주어야 한다. 오늘은 기분 좋은 날이다.

### 3월 5일 (수)

오후에 영자와 복도 산책을 했다. 산책하는 것이 힘이 드는지 침대에 눕자마자 잠든다. 오늘부터 매일 물리치료를 받기로 했다. 보험이 적용되어 한 달에 19만 원이란다. 오전에 물리치료 받고, 오후에 나와 산책하게 되면 누워있는 시간이 훨씬 줄어든다. 영자가 조금이라도 덜 누워있다는 것이 내게는 큰 위안이다.

### 3월 6일 (목)

오늘 영자는 많이 멍한 모습이다. 오전에 마사지를 받았고 오후에 내가 한 시간 반 동안 복도 산책을 해줬다. 그래도 자꾸 부르고 물으면 고개를 약간 끄덕일 뿐 반응이 없다. 그렇더라도 병상에서 벗어나는 시간을 줬다는 점에서 위로가 된다.

『조화로운 삶』의 주인공 스콧 니어링은 100세가 되는 날 생일부터 식음을 끊고 굶어 죽었다. 늙으면 결국은 죽는 것이 문제다. 마냥 누워들 있는 저 수많은 요양병원 환자들의 삶에 무슨 의미가 있을까.

### 3월 7일 (금)

영자는 많이 멍하다. 한 시간 반 동안 복도를 산책하며 말을 걸어도 반응이 별로 없다. 오전에 재활치료하고 오후에 휠체어 산책을 하는 것이 체력에 부담이 되는지 피곤해 보인다. 내일 철희와 함께 오겠다고 하니 극히 미미하게 고개를 끄덕인다. 눕혀 놓고 몇 차례 뒤돌아보며 나왔다.

누구나 떠나야 할 삶인데 요양시설 신세 지지 않고 가는 방법이 없을까. 전국적으로 시설에 누워있는 환자가 얼마나 많을까. 자기 몸을 가누지 못할 지경이 되면 들어와야 하는데, 그걸 피할 방법이 무엇인가.

### 3월 8일 (토)

영자는 철희를 보고도 반응이 없다. 희로애락의 감정을 잃어버린 것 같다. 두어 시간 같이 있다가 눕는 걸 보고 나왔다. 서글픈 일이지만 오늘도 무사했으니 고마워해야지. 철희는 엄마를 보겠다고 차비 써가며 왔다가, 잠깐 서글픈 엄마의 모습을 확인하고 올라갔다.

### 3월 9일 (일)

일요일이라 병원이 조용하다. 휠체어 복도 산책을 하다 휴게실에서 손톱을 깎아줬다. 머리 손질을 해주니 시원하다는 표정이다. 약간의 기침을 한다. 폐렴이 도질까 봐 걱정이다. 눕혀놓고 내일 또 오마고 하니 가볍게 고개를 끄덕인다. 삶이 아닌 삶을 살고 있으니 딱하고 딱하다.

3월 10일 (월)

영자는 유일한 움직임 수단인 왼손에 두텁고 무거운 장갑을 끼고 있다. 변을 만지기 때문에 간병인이 그렇게 했단다. 그걸 생각하면 나는 자다가도 깜짝깜짝 놀란다. 영자가 얼마나 답답할까!

오늘 알부민 주사를 세 차례 맞기로 하고 내일 파티마에서 연하장애 진료를 받아보기로 했다. 생명이 있는 한 최선을 다할 수밖에 없다는 생각이다. 방법이 없더라도 할 수 있는 데까지 하자는 생각이다.

3월 12일 (수)

어제 연하장애 예비진료에 이어 오늘은 연하검사 촬영을 위해 파티마병원 영상의학과에 와 있다. 영자가 콧줄을 떼어내고 밥을 먹는다 해도 식사 치다꺼리와 칫솔질 문제가 여간 일이 아니다. 간병사는 그냥 이 상태로 두는 것이 낫다는 의견이었다. 촬영을 해보고 나서 대책을 강구해 보자.

연하기능 검사는 끝까지 하지 않았다. 의사는 실험액체가 기도로 들어갈 가능성이 커 검사를 중도에 그만두었다고 말했다. 3개월쯤 후에 다시 검사를 해볼 수 있다고 했다.

콧줄을 빼고 검사를 받은 영자는 돌아와 요양병원에서 콧줄을 다시 달았다. 이틀간 고생만 했다. 영자는 몇 시간의 시달림에 피곤해 보였다. 눕혀 놓고 내일 온다고 말하고 나왔다. 오늘은 현정이가 함께해서 위로가 되었다.

3월 13일 (목)

휴게실에서 TV 보며 발과 다리를 마사지해 주었다. 영자는 표정에 변화가 없었으나 가끔은 고개를 끄덕이며 반응을 보인다. 똥 만진다고 손에 두터운 장갑을 끼워놓은 게 몹시 마음 아프다. 오전에 물리치료 받고 오후에 나와 휠체어 산책을 하는 게 병상에서 벗어날 수 있는 시간이다. 그러니 내가 매일 가지 않을 수 없다. 내일 오겠다고 하니 누워서 고개를 끄덕인다.

3월 15일 (토)

어제에 이어 오늘도 오후에 영자와 병원 복도를 산책했다. 오늘은 주말이라 오전의 물리치료도 없었다. 영자는 휴게실에서 TV를 뚫어져라 쳐다본다. 그동안 나는 영자의 다리와 발, 귀를 열심히 주물러준다. 영자는 그래도 무표정이다. 요양원에 있을 때는 왼쪽 발가락을 주무르면 아프다고 했는데 지금은 감각이 둔해졌는지 전혀 반응이 없다. 그래도 두어 시간 후 침대에 눕히고 내일 또 올게라고 말하면 고개를 끄덕인다.

3월 17일 (월)

어제도 오늘도 영자는 그냥 그대로다. 휠체어에 앉아 두 시간을 버티지 못하고 눕고 싶어 한다. 누워 있는 게 한없이 지겨울 텐데도 오래 앉아 있지 못한다. 내가 겨드랑이에 손을 넣어 수시로 몸을 들어 올려 주는데도 그렇다.

오늘은 알로에 크림을 바르고 발 마사지를 해주었다. 발등의 상처들은 아물어 있어 다행이다. 또 피부병이 생긴다면 예삿일이 아니다. 눕혀주고 내일 또 오마고 하니 고개를 끄덕인다.

### 3월 18일 (화)
알부민을 맞아서 그런지 영자는 좀 또록또록해졌다. 휴게실에서 TV를 보다가 눈 내리는 바깥을 창문으로 보는 것이 할 수 있는 일의 전부다. 발톱을 깎아주고 발 마사지를 해주었다. 매일 머리에 헤어스프레이를 뿌리고 두피 마사지를 해주는 것도 일과의 하나다.

### 3월 20일 (목)
따뜻한 봄 날씨다. 영자를 데리고 살짝 밖으로 나와 30여 분간 햇볕을 쬐었다. 영자는 무척 좋아했다. 내일도 햇볕 쬐자니까 고개를 끄덕인다. 산다는 것이 무엇인지 모르겠다. 그냥 주어진 하루를 열심히 살 수 있으면 그것으로 족한 것이다.

### 3월 22일 (토)
어제도 오늘도 오후에 영자를 면회했다. 요즘은 날씨가 봄다워서 슬쩍 문밖에 나와 영자가 햇볕을 쬐도록 하는데, 병원 측에서 알게 되면 못하게 할까 봐 걱정이다. 한없이 누워있는 영자에게 오전 물리치료와 오후 나의 방문이 위로가 되기를 바라지만 영자는 반응이 없다. 오늘도 머리 빗기고 발 마사지 해주고, 양말과 종아리 토시를 갈아입히고, 햇볕을 쬐어 주었다. 눕혀 놓고 나오려니 눈물이 핑 돈다.

3월 23일 (일)

새로 산 예쁜 무릎담요를 두르고 오늘도 밖으로 나왔다. 머리 빗기고, 발 마사지를 하고 햇볕을 쬐었다. 휴게실에서 TV를 보고 앉아 있는 영자를 열심히 쳐다보았다. 영자는 한 시간 반 만에 눕고 싶다고 했다. 눕혀 놓고, 내일 온다고 하니 고개를 끄덕인다. 누우니 편하냐고 물으니 고개를 끄덕인다. 돌아서 나오며 뒤돌아보니 눈을 뜬 채 반듯이 누워 있다.

3월 24일 (월)

영자는 한 시간 반의 휠체어 산책 후 눕고 싶다고 했다. 햇볕을 쬐여 준 것이 보람이다. 그러나 맛있는 걸 먹일 수 없으니 딱하다. 낙이라곤 먹는 것뿐일 텐데, 그것을 할 수 없으니….

3월 26일 (수)

영자 햇볕 쬐고, 머리 빗기고, 발 마사지하는 일상을 보냈다. 못 먹여서 안타깝지만, 본인은 그런대로 잘 적응하는 것 같다. 나라면 도무지 견딜 수 없을 것 같은데…. 오늘 하루도 무사했으니 감사해야지.

3월 27일 (목)

산불로 하늘이 뿌옇다. 날씨도 찌뿌둥하다. 병실에서 영자를 휠체어로 옮겨보려다 넘어질 뻔했다. 이제 힘이 들어가는 일은 안 된다. 간호사들이 투덜대고 간병사가 화를 낸다. 일주일에 두 번 이상은 면회를 오지 말란다. 영자는 유일하게 자유로운 왼손이 묶여있다. 손으로 대변을 만지기 때문이란다. 그러니 내가 더 자주 면회를 와야 한다. 날씨처럼 기분도 진한 회색이다.

### 3월 28일 (금)

간병사가 짜증을 내는데도 오늘도 어쩔 수 없이 영자를 만났다. 플랜 B로 옮길 수 있을까, 하고 병원 옆 요양센터도 가봤다. 원장이 외출 중이라 내부를 보지는 못했다. 오늘도 간병사는 신경질적이었다. 내일은 대화를 시도해 봐야겠다. 날씨가 쌀쌀해져 영자는 바깥에서 춥다고 했다. 누워서 TV를 보는 영자를 두고 나오면서 뒤돌아보니 영자는 꼼짝도 않고 누워 있다.

### 3월 30일 (일)

오늘 영자는 어제보다 훨씬 멍하다. 불러도 눈길조차 잘 주지 않는다. 계속 누워 있는 게 괴로우니 멍해지기로 작정한 것일까. 똥을 온 옷에 묻혔다는데, 간병인은 모두 세탁했다면서 괜찮다는 표정이다. 양말과 종아리 토시를 갈아주고 발 마사지도 해주었다. 꽃샘추위 때문에 바깥에 나갔다가 금방 들어와 버렸다. 눕혀주고 나오니 한숨이 절로 난다. 산다는 것은 그냥 헛된 일이 아니라, 웃픈 일이다.

### 3월 31일 (월)

열이 많이 나서 오전에 의사가 다녀갔단다. 발에 상처가 났다고 붕대를 한 채 영자는 늘어져 누워있었다. 눈물이 나서 코를 두세 번이나 풀었다. 간호사는 당뇨 발이 걱정된다고 했다. 또 피부병이 도진 것 아닌가, 하는 걱정이 든다. 오늘은 휠체어에 앉지 못하고 누운 채 마사지를 해주었다. 서글프다.

### 4월 1일 (화)

오늘도 영자는 천장을 보고 누워만 있다. 열이 내리지 않아서 링거를 맞고 있다. 묶여있는 왼손을 풀어주고 머리를 쓰다듬어 주었다. 눈을 뜨는데 깜빡이지를 않는다. 그냥 멍하니 뜨고만 있다. 한 시간가량 쳐다보고 앉았다가 나왔다. 오른쪽 발과 다리에 온통 드레싱을 한 것을 보니 피부가 좋지 않은가 보다. 피부과에 갈 기력도 없어 보이는데 어찌할꼬. 내일은 휠체어를 탔으면 좋으련만···. 영자야 너무 불쌍하다. 눈물이 절로 난다.

### 4월 2일 (수)

왕복 15만 원짜리 구급차에 앉아 있다. 영자는 누워있다. 영자 발가락이 시커멓게 변해 급히 파티마병원에 갔다가 돌아가는 길이다. 외과 의사는 하반신 동맥경화가 심해 피가 통하지 않는다는 말을 했다. 피부과 의사는 발을 따뜻하게 해주고 연고를 바르는 게 그나마 도움이 된다고 했다. 영자가 움직이지 못한 지 3년이 훌쩍 넘었으니, 동맥이 굳어졌나 보다. 통증이 심할 텐데, 영자는 고통을 느끼지 못하는 것 같다. 나는 외과 의사의 말을 듣고 눈물 콧물을 쏟았다. 마음이 너무 아프다.

요양병원으로 돌아와 병상에 누운 영자는 편안한 얼굴이다. 내일 온다고 하니 고개를 끄덕여준다. 그나마 위로가 된다.

간밤에 옆 병상의 할머니가 죽었단다. 죽음을 기다리는 창백한 모습의 폐질자를 보고 있노라면 지옥이 바로 이곳이구나, 하는 생각이 절로 든다.

4월 3일 (목)

영자는 열이 내리고 의식도 비교적 또렷했다. 휠체어에 태워 간만에 햇볕을 쬐었다. 색깔이 간 발에는 간호사가 붕대를 감아 놓았다. 영자는 별로 아파하지 않았다. 요양원 의사는 동맥경화가 심장이나 뇌에까지 퍼져 갑자기 죽을 수도 있다고 했다. 영자가 불쌍해서 쓰다듬고 쓰다듬어 주었다.

4월 5일 (토)

낮 열두 시 조금 넘어 영자에게 왔다가 네 시가 다 된 이제 영자를 눕혀 놓고 나왔다. 오늘따라 영자는 잘 가라고 손까지 흔들어 준다. 눈물이 난다. 그 지루한 시간 누워서 무슨 생각을 할까.

병원 복도를 오가는 환자들과 인사를 나누는 사이가 되었다. 한 달이 지났으니 얼굴이 익었다. 다들 한 많은 사연을 간직한 채 종착역에 이른 환자들의 모습은 하나같이 서글프다. 오늘은 쌀쌀하고 비까지 뿌려 외출을 못 했다. 내일은 따뜻하다니 햇볕을 쬐어줘야겠다.

4월 8일 (화)

어제 간호사가 영자 왼쪽 발가락 사진을 보여줬다. 대책 없이 썩어들어 가는 모습이다. 나는 많이 울었다. 천만다행으로 아직은 통증을 느끼지 않는 것 같다. 아프지 말고 죽어야 하는데, 이를 어쩌나. 사진을 받아본 명조도 폰으로 울고 운다. 죽음이 이렇게 힘든 일이라니!

오늘은 영자 모습이 편안해 보인다. 바람이 조금 일어 햇볕을 오래 쬐지 못했다. 머리를 빗기고 눈곱을 닦아주고 나면 얼굴이 아직도 미인이다.

4월 9일 (수)

영자는 신기하게도 콧줄은 건드리지 않는다. 그게 생명줄인 줄 아는 모양이다. 휠체어 산책을 할 때 왼손으로 마스크를 내리고 코 부근을 긁기도 하는데, 찜찜할 것이 틀림없는데도 콧줄은 손대지 않는다.

오늘도 햇볕을 쬐고 복도를 오가고 하면서 한 시간 반 가량 산책을 했다. 오늘은 내가 힘이 달렸다. 기운이 소진된 느낌이다. 목이 말라 영자 모르게 휠체어 뒤쪽에서 음료를 마셨다. 먹지도 마시지도 못하는 영자 앞에서 무엇을 먹을 수 없기 때문이다.

4월 10일 (목)

오늘도 영자는 무사했다. 현정이가 잠깐 다녀갔는데 손을 흔들어 바이바이를 한다. 이를 보는 현정이는 금방 눈시울을 붉힌다. 콧줄을 했어도 발이 온전하다면 얼마나 좋을까. 영자는 바깥에 나온 지 한 시간도 안 되어 눕고 싶단다. 배가 고픈 걸까? 콧줄로 먹는 음식도 배고픔의 느낌을 면해주니 신기하다. 내일은 명조가 오고 모레는 철희가 온단다. 영자 생일이 14일이다.

### 4월 15일 (화)

영자 생일을 앞두고 철희와 명조가 다녀갔다. 현정과 소정도 잠깐 방문했다. 우리는 생일떡을 간호사실에 돌렸다. 영자에게는 생일이라고 내가 알렸다. 자신의 생일을 인지했는지도 모르겠다. 영자는 휠체어를 탈 정도의 건강은 유지하고 있다. 하루하루를 무사히 보냈다는 데서 위로를 얻을 뿐이다. 오늘은 날씨가 차서 그런지 복도에서도 기침을 자꾸 한다. 약을 처방해 달라고 간호사에게 부탁했다.

### 4월 18일 (금)

그제도 어제도 오늘도 영자는 큰 변화 없이 그런대로 무사하게 보냈다. 오늘은 여름 같은 29도의 더운 날씨였다. 영자도 간만에 실컷 햇볕을 쬐었다. 가로수 나무 그늘이 시원했다. 두 시간 가까이 함께 있다가 눕혀 놓고 나왔다. 뭘 먹일 수 없으니 안타깝다. 콧줄 식사로도 영자는 몸무게와 안색이 비교적 좋다.

### 4월 20일 (일)

영자는 오늘도 무사했다. 날씨가 쌀쌀해서 바깥으로 나가진 못했다. 병원 복도와 휴게실을 오가며 한 시간 반 정도 산책했다.

내일 소정이와 함께 오겠다니까 영자는 누운 채 고개를 끄덕여준다. 방을 나오면서 TV를 보고 있는 영자를 몇 번이나 뒤돌아보았다. 영자는 나에게 눈길을 주지 않았다. 내일은 25도의 따뜻하고 맑은 날이라니 바깥 구경을 좀 시켜줘야겠다.

4월 23일 (수)

세월이 마구 흐른다. 매일 오후 한 시 삼십 분쯤 영자를 만난다. 간병사가 그 시간에 맞춰 영자를 휠체어에 앉혀 놓는다. 내가 들어가면서 불러도 영자는 멍하니 TV만 쳐다보고 있다. 가까이 가서 쓰다듬으려면 무표정한 눈길을 준다. 머리 빗기고, 발디딤 기구를 깔고, 점퍼를 입혀 데리고 나온다. 영자 발이 바닥에 떨어지는 것을 막기 위해 쿠팡에서 손발을 묶는 기구를 샀으나 너무 불편해하는 것 같아 휠체어 발판에 까는 작은 방석을 받쳤더니 아주 굿 아이디어가 된 것 같다. 영자 발이 바닥에 떨어지지 않으면서 또 훨씬 편해 보인다. 오늘은 잠깐 햇볕을 쬤다.

4월 25일 (금)

오늘은 좋은 날이다. 영자가 vre에서 해방되었다는 간호사의 말을 들었다. 당뇨발 등의 위험이 여전하지만 그래도 전염병을 스스로 이겨냈으니 얼마나 대단한가.

내일은 알 수 없는 것이니 오늘의 좋은 소식에 기뻐해야지. 한 시간 반 동안 휠체어 산책을 한 후 기저귀 갈고 누운 모습 보고 나왔다. 내일 오마고 하니 고개를 끄덕인다. 오늘은 컨디션이 좋아 보였다.

### 4월 27일 (일)

병원 휴게실에서 영자와 함께 TV를 보고 있다. 영자는 트롯이 나오는 화면을 뚫어지게 보고 있다. 오늘은 일요일이라 오전 물리치료도 없었다. 영자는 좀 우울해 보인다. 가끔씩 이름을 불러도 눈길을 주지 않는다. 이래저래 휴일이 싫다. 모든 게 셧다운이기 때문이다.

요즘은 영자의 목덜미를 열심히 마사지해 준다. 그게 뇌 혈액을 공급하는 길목이다. 영자가 한번 웃어준다면 얼마나 좋을까.

### 4월 29일 (화)

허망을 인지하자. 五蘊皆空 度一切苦厄. 영자를 눕혀 놓고 나왔다. 내일 오마고 하니 고개를 끄덕인다. 오늘은 또 눈물이 난다. 인간은 왜 대를 이어가며 살고 있을까?

### 5월 2일 (금)

영자를 눕혀주고 나와 병원 복도에 앉아 있다. 어제도 그제도 그렇게 보냈다. 의사가 영자 하체의 상태가 점점 나빠지고 있다고 말했다. 그러나 크게 다행스럽게도 영자는 통증을 호소하지 않는다. 아파서 몸부림치면 그걸 어떻게 눈뜨고 볼 수 있겠나. 생각만 해도 콧물 눈물이 절로 흐른다.

산다는 것의 허망함이 깊이 뿌리내린 탓인가. 다른 사람들의 웃음소리에 놀라곤 한다. 무엇이 좋아 저렇게 웃을까 하고.

5월 3일 (토)

비 내리는 날이다. 영자는 누워서 TV를 보고 있다. 이렇게 뒤척이지도 못한 채 누워있어야 한다. 영자의 휠체어에 앉아봤더니 금방 엉덩이가 아파진다.

오래 앉혀놓지 않아야겠다. 그래도 누운 채 콧줄로 식사하는 영자의 얼굴이 편안해 보인다. 부디 편안하거라. 아프지 말거라. 방을 나오면서 울었다. 영자가 불쌍해서, 삶이 서글퍼서 울었다. 간병하며 감정이입을 계속하면 우울증에 걸린다는 말이 떠오른다. 내가 그런건가?

5월 5일 (월)

어제도 오늘도 내일도 휴일이다. 당직 근무자들만 나오는 휴일이면 요양병원은 더욱 스산하다. 오늘은 기온도 낮고 햇볕도 없다. 그래도 우리는 밖에서 잠깐 휠체어 산책을 했다. 그리고 휴게실에서 의자에 발을 올리고 TV를 보며 쉬었다. 병상 앞에 TV가 있으니 그나마 다행이다.

5월 6일 (화)

우중충하고 쌀쌀한 날이다. 영자는 바깥바람 잠깐 쐬고 휴게실에서 의자에 발 올려놓고 TV를 보며 한 시간을 보냈다. 지금은 누운 채 콧줄로 식사를 하고 있다. 편안해 보인다. 목덜미를 주물러주니 눈을 지그시 감고 행복해한다. 매일 목덜미 마사지를 해줘야겠다.

### 5월 9일 (금)

어제는 현정이가 어버이날 꽃을 달아주었는데 영자는 반응이 없었다. 누운 자리에서 목덜미 마사지를 해주고 나오면서 내일 또 오마고 말해도 반응이 없다. 며칠 전까지도 고개를 끄덕여주었는데, 상태가 많이 나빠진 것 같다. 마음이 너무 아프다. 하긴 당뇨발의 통증을 느끼지 않으려면 의식이 없어지는 게 좋을 것 같기도 하다. 목덜미 마사지를 해주면 좋아하는 표정을 더 이상 보지 못할지도 모르겠다. 영자가 죽으면 내가 어떻게 견뎌낼 수 있을까.

오늘은 종일 비가 내렸다. 쌀쌀하기도 했다. 그래서 바깥에 나가지도 못했다. 그래서 좀 일찍 침대에 눕혔는데, 간병인이 보여주는 욕창이 너무 징그럽다. 슬프다.

### 5월 10일 (금)

영자는 오늘도 별일 없었다. 목덜미를 마사지해 주니 너무 시원하고 좋다는 반응을 보인다. 인지력은 자꾸 나빠진다. 불러도 대답하지 않고 멍하니 앞만 주시할 뿐이다. 욕창도 잘 낫지 않는다. 어떤 요양병원이 문을 닫는 바람에 그곳의 환자들이 집단으로 옮겨와 영자 방에도 갑자기 환자가 4명으로 늘었다. 중환자들이라 방 분위기가 딱하다. 오늘도 쌀쌀했다. 내일은 영자가 햇볕을 좀 쬘 수 있었으면 좋겠다.

5월 11일 (일)

방금 영자를 눕혀 놓고 나왔다. 오늘도 영자는 물어도, 불러도 반응이 없다. 눕혀 놓고 목덜미를 마사지해 주면 가끔씩 빤히 내 얼굴을 쳐다본다. 시원하다는 반응인 것 같다.

꺼져가는 생명을 지켜보는 것은 말로나 글로 표현할 수 없는 고통이다.

집으로 오는 길에 신천둔치 길을 걸었다. 지팡이를 짚고 걷는 힘든 산책이지만 얼마나 대단한 일인가. 신천의 잉어들은 오늘도 유유자적하다. 그들은 왜 그렇게 살아야 할까? 신천의 새들도 한가롭다. 그들은 또 무슨 운명으로 그렇게 살까? 스콧 니어링은 100세가 되는 생일날에 먹기를 거부하고 굶어서 죽었다. 『조화로운 삶』의 저자인 부인을 혼자 남겨두고 어떻게 죽을 수 있었을까? 아마도 건강이 좋지 않았을 것 같다.

5월 13일 (화)

한 시간 반 동안 산책을 하고 침대에 눕자마자 영자는 잠에 빠져든다. 목과 어깨를 주물러주다 잠든 모습을 뒤로하고 나왔다. 1개월 전보다 여러 면에서 좋지 않다. 아프지 않고 스르르 가는 것이 좋다고 간병사는 말했다. 영자도 고통 없이 갔으면 좋겠다. 너도 가고 나도 가야 할 인생… 考終命이 복 중의 복이다.

5월 16일 (금)

영자는 오늘도 좀 팔팔했다. 비가 와서 외출은 못 하고 냄새나는 병원 안에서 보냈다. 환자 기저귀 가는 시간이 되면 역겨운 냄새가 가득하다. 영자는 욕창에 바람 들어가라고 비스듬히 누워있다. 우선은 편해 보였다. 계속 누웠으면 얼마나 고달플까!

### 5월 17일 (토)

휠체어 산책을 했다. 영자는 오늘도 무사했고 정신도 약간은 또록또록했다. 산책을 하다 모자가 비뚤어지면 왼손으로 바로잡는다. 요양원에 있을 때의 의식 수준으로 돌아온 셈이다.

간병인은 집에도 가지 않고 밤낮으로 12명의 환자를 케어한다. 불가사의한 사람이다. 기저귀도 제때에 갈아주지 않고 정해진 시간에만 갈아준다. 팔을 묶어 놓을 때도 많은 것 같다. 영자를 눕혀 놓고 나오는 발걸음이 떼어지지 않는다. 며칠 전에는 요양원으로 옮겨볼까 하다가 병세가 심상찮아 그만두었다.

### 5월 18일 (일)

영자에 대한 애착이 날로 더해진다. 3년 7개월이면 지칠 만도 할 텐데 나는 전혀 그렇지 않다. 쓰다듬어 주면서 애처롭고, 가엽고, 사랑스러움을 느낀다. 영자가 아파하면 그 고통이 바로 나에게로 전이된다. 오늘은 영자의 표정이 맑고 눈도 또록또록하다. 하이뮨을 매일 한 개씩 먹으니 그게 도움이 되는 모양이다. 영자가 무사하니 오늘도 감사하다.

5월 19일 (월)

영자가 신음소리를 내며 너무 아파해 외출을 못했다. 병원 침대 옆에 앉아 있다가 겨우 잠이 든 모습을 보고 병실을 나왔다. 어디가 아픈 걸까? 혹시 당뇨 때문에 발과 다리가 아픈 걸까? 그렇다면 뾰족한 대책이 없으니 큰일이다. 계속 아프다고 하면 마약성 진통제라도 써야 할 텐데 정말 큰일이다.

5월 20일 (화)

다행히 영자는 오늘 괜찮았다. 우리는 햇볕을 쬐며 어제와는 다른 날을 보냈다. 나는 영자의 목과 귀를 열심히 마사지해 주고, 귀지도 파줬다. 3년 넘게 쌓인 귀지를 파주자 영자는 시원하다는 표정을 지었다. 나는 그런 영자를 보며 행복하고 고마웠다.

5월 23일 (금)

오늘도 영자는 무사했다. 여위었지만 그래도 예쁜 얼굴과 머리를 쓰다듬어 주고 목덜미를 많이 마사지해 주었다. 누웠을 때 목덜미를 만져주면 영자는 매우 좋아한다. 눈을 바로 뜨고 쳐다보면서 시원하다는 표정을 짓는다. 나는 그 얼굴을 내려다보면서 금방 눈물을 글썽인다. 당뇨발로 인한 통증을 못 느끼니 천만다행이다. 게다가 vre 같은 황당한 전염병이 나왔으니 얼마나 다행인가.

간병사의 말로는 맞은편 병실에 혼자 있는 환자는 감염병으로 하루 14만 원짜리 간병인을 별도로 쓴단다. 병원비를 대는 아들이 매우 딱해한다는 말도 한다. 영자는 이런 상태로라도 더 아프지 말기를 간절히 바란다. 새삼 영자가 내 삶의 이유라는 사실을 실감한다.

5월 25일 (일)

90 넘으면 누구나 여기로 와야 한다고 간병인이 말한다. 그 말이 새삼 가슴에 와닿는다. 영자는 오늘도 별 탈이 없었다. 햇볕을 쬐주고 목덜미 마사지도 해주었다. 영자는 언제나 나와 만날 때보다 만나고 나서 얼굴이 더 편안해 보인다.

5월 26일 (월)

영자가 손으로 콧줄을 빼버렸단다. 그래서 손을 묶어둔 모양이다. 묶어두면 안 되는데, 간병사에게 따질 수도 없는 형편이다. 의사 표현을 하는 유일한 수단인 왼손을 묶어둔다는 생각만 해도 나는 잠을 못 잔다.

5월 27일 (화)

오늘도 영자는 무사했다. 햇볕 산책 후 누워서 잠이 든 모습을 보고 나왔다. 콧줄을 자꾸 만진다. 얼마나 답답하고 불편할까.

요양병원은 인생 교육장이다. 미친 코끼리에게 쫓겨 빈 우물에 뛰어든 나그네의 신세가 우리의 삶이란 것을 실감한다. 우물 안 나뭇가지에 매달려 꿀을 빠는 재미로 살다가 끝자락에 병상에 갇혀 한없이 절망하는 현장이다.

아함경의 그 이야기를 요양병원에서 매일 실감한다. 항상 소리내어 우는 사람, 정신이 혼미하여 아예 끈에 묶여있는 사람, 더 이상 바깥세상에 나가기를 포기한 듯한 불쌍한 군상들이 수도 없이 널브러져 있는 곳. 요양병원이나 요양원에 누워있는 노령인들이 전국적으로 얼마나 될까?

### 5월 28일 (수)
산책을 마치고 침대에 누운 영자의 목덜미를 마사지해 주고 있다. 머리를 쓰다듬어 주노라면 내 눈에 저절로 눈물이 맺힌다. 희망이 없다. 그러나 오늘은 괜찮다. 그걸 위로 삼아 고맙다고 생각해야 한다.

옆 침대 할머니는 치매기가 심해, 항상 발목이 침대에 묶여있다. 지옥이다. 나한테 발목을 좀 풀어달란다. 간호사가 할 일이라 내가 그렇게 해줄 수 없다고 하니까, 내 전화로 아들한테 전화를 해 달란다. 전화를 하니 받지를 않는다. 딱하다.

### 5월 31일 (토)
좋은 계절 5월도 끝날이다. 곧 더워질 테니 영자와 햇볕을 즐길 수 있는 날도 아쉽게 사라져간다. 오늘은 약간 시원했다. 산책을 한 시간 넘게 했다. 날이 갈수록 영자와의 애틋함이 더해진다. 하이뮨을 매일 먹는 덕인지 영자는 혈색이 좋고 살도 좀 올랐다. 만날 때보다 헤어질 때의 혈색이 훨씬 좋다. 한 시간 반의 산책과 마사지의 덕이라 생각된다. 내일은 일요일이니 아침 물리치료도 없다. 영자는 계속 누워만 있어야 한다.

6월 1일 (일)

　욕창이 매우 심하다. 하루 한 번 치료를 하는데, 간병사는 하루 두 차례씩 하도록 의사에게 말하란다. 내일 의사를 만나야겠다. 욕창에 바람 들어가라고 비스듬히 누운 영자를 쓰다듬어 주면서 나는 저절로 콧물 눈물에 젖는다.

6월 2일 (월)

　살며시 눈을 감은 영자의 모습을 보면서 나왔다. 열이 있어 피검사를 해둔 상태란다. 오늘도 별일은 없었으니 고맙다. 코로나가 다시 번진다는데 면회가 자유롭지 못하면 어쩔까 걱정이다. 하루라도 못 보면 내가 불안하니 예삿일이 아니다. 자다가도 영자를 생각하면 잠을 못 이룬다. 낮 한 시 처음 만났을 때보다 자리에 누웠을 때 얼굴이 훨씬 편안해 보였다. 얼마나 다행인가.

6월 3일 (화)

　영자는 혈액검사 결과 염증 수치가 높고 빈혈이 심하다는 결과가 나왔다. 오늘은 열이 높아 링거를 맞고 있다. 세 차례에 걸쳐 수혈을 한다는데 동의했다. 한 달에 200만 원의 비용이 힘들지만 도록도록한 영자의 눈망울이 내가 오늘을 살아가는 이유다.

6월 4일 (수)

　영자는 여전히 링거를 맞고 있다. 내일과 모레도 수혈을 한단다. 바깥에 잠깐 나왔다가 바람 때문에 일찍 들어와 휴게실에서 TV를 보며 놀았다. 눕혀 놓고 내일 또 오겠다 해도 영자는 반응이 없다. 매일매일 조금씩 나빠지는 것 같다.

### 6월 5일 (목)

영자가 수혈을 받았다. 두 팩을 맞았고 내일 또 한 팩을 맞는단다. 오늘 침대에서 옴짝달싹도 못 하고 누운 영자 옆에서 머리에 물수건을 얹어주고 목덜미 마사지를 하면서 세 시간을 함께 있었다. 참으로 힘든 노후다.

### 6월 7일 (토)

오늘도 영자는 항생제와 링거를 맞고 있다. 염증을 치료하기 위한 것이란다. 천만다행으로 항생제 저항균인 vre 같은 병원균이 사라져 항생제 처방이 가능한 것 같다. 37도 정도의 미열이 가시지 않고 있다. 당뇨발과 욕창 때문인 듯하다. 매일 오후 간병이 일상사가 된 나는 오늘도 내일도 영자 생각으로 가득 차 있다. 다른 일에 몰두해야만 잠시 영자를 잊는다.

### 6월 8일 (일)

영자는 여전히 링거를 꽂고 항생제 주사를 맞고 있다. 침대에 누운 영자 곁에서 네 시간 넘게 있었다. 물수건을 갈아주고, 앙상한 몸을 만져주면서 시간 가는 줄도 몰랐다.

인생 말년 참으로 슬프다. 톨스토이는 스스로 겪어보지 않으면서도 『이반 일리치의 죽음』을 어떻게 그토록 실감 나게 썼을까? 病

死를 향해 나아가는 삶에 아둥바둥하는 우리의 삶이 참 우습다.

### 6월 13일 (금)

영자는 부기가 많이 빠졌으나 여전히 미열이 있다. 링거는 언제쯤에나 뗄지 모르겠다. 세 시간을 함께 있다가 살짝 잠든 모습을 보고 나왔다. 이제 나는 복도나 휴게실에서 만나는 거의 모든 환자들과 인사를 주고받는다. 병원 식구가 된 듯하다.

영자가 나에게 준 엄청난 선물이 있다. 3개월 전쯤 영자의 발이 이상해져서 파티마병원 혈관외과를 찾았었다. 의사는 당뇨발이라 별다른 대책이 없다고 했다. 지금도 영자는 그 당뇨발 때문에 염증에 고통받고 있는 것 같다.

며칠 있다가, 나의 오른쪽 종아리 이상이 역시 혈관 때문인 것 같아 그 의사의 진료를 받아봤다. 초음파 검사 결과 오른쪽 종아리 정맥이 제대로 기능하지 못한다는 진단이 나왔다. 그런데 요즘 놀랍게도 오른쪽 종아리의 시림 증상이 크게 줄어들고 부기도 거의 다 빠졌다. 10년 가까이 지독히도 시리고 아파 고생한 지병이 거의 나아가고 있다. 영자 덕이다. 영자가 자기 치다꺼리하느라 고생하는 나에게 준 선물이다. 다리를 잘라버리고 싶을 만큼 심했던 고통을 영자가 고쳐준 셈이다. 감사하다.

### 6월 15일 (일)

어제도 오늘도 영자는 항생제와 링거를 맞고 있다. 염증이 심해 생명 연장을 위한 조치로 보인다. 오늘 멀리서 엄마를 보러 온 명조는 억지로 생명 연장을 고집하는 아빠를 원망하는 어투다. 그러나 나는 어쩔 수 없다. 할 수 있는 데까지 해야 한다는 생각이다. 영자야! 어떻게 하면 좋을까?

오늘은 손이 얼음장처럼 차가웠다. 냉방에 몸이 식었기 때문인 것 같다. 밖으로 데리고 나와 그늘에서 호호 입김을 불면서 손을 마사지했다. 이십여 분 후에 손의 냉기가 가셨다. 명조가 에어컨 맞바람을 피해 침대를 옆자리로 옮기는 게 좋을 것 같다고 말했다. 방 온도를 26도로 높혀 놨지만 그래도 오늘 밤 체온이 또 떨어질까 봐 걱정이 태산이다.

### 6월 16일 (월)

영자가 더 이상 버티지 못할 것 같다. 오늘 중환자실로 옮겼다. 영자는 눈동자가 허공에 고정돼 있고 겨우 쉬는 숨이 편안하지 않다. 이름을 반복해서 부르니 쳐다보기는 하는 것 같다. 수간호사가 준비를 해야 할 것 같다고 말했다. 아이들한테 연락을 했다. 철희는 금요일에나 올 수 있을 것 같다고 했다. 그때까지 버틸 수 있을지 모르겠다. 8명이 있는 중환자실은 모두가 의식이 거의 없는 모습이다. 지옥 문턱이 바로 여기다.

### 6월 17일 (화)

밤 열 시 삼십이 분 영자가 영면했다. 생후 85년이다. 죽은 모습은 잠자듯 평온하다. 낮에 숨을 못 쉬어 고통스러워할 때의 그 모습이 마지막이었다. 요양병원에 도착했을 때 영자는 마스크를 쓴 채

호흡 없는 깊은 잠에 들어가 있었다. 마스크를 벗겼더니 입을 약간 벌린 채 아랫입술이 하얗게 변색되어 있다. 마지막 고통의 흔적이다. 애착도, 미움도, 가진 것도, 고통도 모두 사라졌다. 죽음은 평화다. 해탈이다. 오열하는 나를 두고도 영자는 오직 무심할 뿐이다.

사랑하는 영창 씨

♡ 오늘 당신 전화기 케이스 예쁜 빨간
♡ 것으로 바꿨어요. 예쁘지요?
♡ 의사 선생님 만나서 당신 운동 열심히 하고
♡ 언어치료도 해 달라고 부탁 할게요. 힘들어도
♡ 좀더 열심히 해봐요.
♡ 피부에 바르는 알로에 보습제도 새로
♡ 갖고 왔어요. 가려울때 마다 발라 달라고
♡ 간호사 선생님이나 간병사 선생님께
♡ 말하세요.
♡ 병원에 왔다가도 면회 날이 아니면
♡ 당신을 만날수 없으니 너무 안타깝네요.
♡ 자주 전화 합시다. 6월 6일 현충일 날
♡ 서울 둘째 언니와 함께 당신 만나기를
♡ 손꼽아 기다려요. 당신이 보고싶어요.

2020년 5월 31일 (화튼일)

당신을 사랑하는 김상태

사랑하는 영자씨

♡ 일주일에 한번밖에 면회가 되지 않기
♡ 때문에 오늘도 당신을 만나지 못하네요.
♡ 당신이 먹고 싶다던 유부초밥 사왔어요.
♡ 음식을 만들고나서 1시간 안에 먹어야
♡ 하기때문에 낮에 먹고 남거든 버려 달라고
♡ 하세요.
♡ 오는 6월 12일 일요일날 또 면회신청
♡ 해놨어요. 그때 당신의 팔과 다리가
♡ 많이 좋아져 있기를 기대합니다.
♡ 명조가 보내준 책 한번 읽어보세요.
♡ 한권를 다 읽을수 있다면 건강이 많이
♡ 좋아진 것입니다. 물많이 마셔야 돼요.
♡ 언제나 당신이 보고 싶어요.

2022년 6월 7일 (화요일)

당신를 사랑하는 김상태

사랑하는 ♡영♡자♡씨

♡ 보고 싶은 영자씨. 오늘은 컨디션이 어떤지요. 이틀전에 당신을 만났는데
♡ 또 보고 싶은 마음이 간절하네요.
♡ 오늘은 곧 있을 당신의 외출에 대해 간호사님과 의논하려고 당신 병원에
♡ 왔어요.
♡ 규칙상 당신을 만날수는 없다네요.
♡ 22일 금요일 저녁에 현정이랑 함께 당신 면회하러 올게요.
♡ 1회용 포크를 샀어요. 젓가락질 보다
♡ 나을것 같으니 사용해 보세요.
♡ 당신 웃는 얼굴 그려줘요. 물많이
♡ 마셔야 해요.

2022년 7월 19일 (화요일)

당신을 사랑하는 김상태

사랑하는 영자씨

♡ 며칠 못본 사이에 당신 건강이 훨씬
♡ 좋아졌으면 하고 기대하는 마음입니다.
♡ 오늘 간단히 면회하고 내일은 피부과
♡ 에 갑니다. 피부과에서도 이제 가렵지
♡ 않다는 진단 나오기를 기대합니다.
♡ 수요일에는 치과에 가는데 치과 갔다
♡ 오면 당신 음식 먹기가 훨씬 수월해
♡ 질 것 같아요.
♡ 운동 잘해서 빨리 빨리 건강이
♡ 좋아졌으면 얼마나 좋겠어요. 그래서
♡ 집으로 와서 나도리 택시 타고 놀러
♡ 다녀요. 당신이 언제나 보고싶어요.
♡ 2022년 8월 2일 (일요일)
♡ 당신을 사랑하는 김상태